# 인연
# 또 다른
# 나와의
# 만남

글 종학스님 그림 용정운

맑은샘

## 추천의 글

잔잔한 호수에 하나의 파문이 일면 이어 수많은 파문이 일어나 퍼진다. 살아 움직이는 몸짓은 맨 처음 고요한 정적 속에서 미세한 떨림인 한 생각으로 시작되어 수많은 떨림으로 이어지다 급기야 우주 안에 가득한 생각들로 출렁거리게 된다. 이러한 생각의 인연화합因緣和合 속에 형형색색의 모양들이 장식되어 나타나게 된다.

'나'는 과연 누구인가?

오늘도 나는 보고 듣고 숨 쉬고 먹고 느끼고 생각하는 가운데 수많은 생명인자生命因子를 창조하며 이미 창조된 피조물들과 함께 흐르고 있는 것이다. 우주 안에 흐르는 수많은 존재들 중 과연 '나' 아닌 것은 없다.

사랑하는 남녀가 만나 자기를 닮은 또 다른 자기를 만들고 또 다른 자기는 다시 또 다른 자기들을 연쇄적으로 만들어나간다.

우주 안에 흐르는 수많은 존재들은 바로 내 품 안에서 출렁거리는 '나'의 생명현상인 것이며 그것은 나의 수많은 생각을 하나하나 포장한 것에 불과하다.

"네 이웃을 내 몸같이 사랑하라"는 말씀은 "네 이웃"이 바로 '나'라는 뜻이다. 너의 관점에서 보이는 나 역시 바로 너인 것이다.

내가 수많은 너들로 몸을 나타냈다가 알아차림을 통해 본래의 나로 돌아가는 일대사가 바로 인생인 것이다. 그러므로 살아가면서 만나게 되는 수많은 인연과의 이야기는 바로 나의 삶의 이야기이기도 하다.

이번에 나의 도반인 종학스님께서 '인연 또 다른 나와의 만남'란 제하의 수행 이야기를 책으로 내게 되었다. 길을 묻는 사람들, 희망을 찾는 사람들, 영혼에 목말라 하는 사람들께 감로수 같은 역할을 할 것으로 기대하며 기쁜 마음으로 독자들께 일독을 권하는 바이다.

2018년 가을 선몽토굴에서

해복解 합장

## 인사말

여러분들의 성원에 힘입어 이번에 부처님과 함께 휴식하기 위해서 '인연 또 다른 나와의 만남'이라는 저서를 세상에 내놓게 되었습니다.

본 책자는 세상을 살아 나오면서 힘들어 하고 크고 작은 아픔을 겪은 이웃들에게 위로와 치유와 희망과 용기가 조금이라도 되었으면 하는 바람에서 만들어지게 되었습니다.

"스님! 차 한 잔 주세요."
"네, 무슨 차를 드릴까요?"
"스님이 알아서 좋은 차 주세요."
"그럼 제가 즐겨 마시는 차를 드릴까요?"
"네, 그럼 좋죠."

"이 차는 제가 아무에게나 드리지 않는 정말 귀한 차입니다."
"보이차, 오룡차 같은 귀한 차인가 보죠?"

"아니요, 그 차들은 어디서나 마실 수 있는 것이니 귀하다 할 수 없죠. 제가 드리는 차는 특별한 경우 아니면 내놓지 않는 차이니 오늘 특별대우를 받는다 생각하세요."

"자꾸 그러시니 궁금해지네요. 대체 무슨 차기에 그러실까요?"
"이 차는 '극락'이란 법명을 가지신 스님이 주로 마시는 차인데 제가 조금 얻어 왔습니다."
"아! 정말 귀한 차인가 보군요."
"자~ 드세요."
"아니, 스님! 빈 잔을?"
"네, 빈 잔 속에 가득 차 있는 '빈 맛'을 음미해 보세요. 지금 보살님의 몸과 마음은 독소로 가득 차 있습니다. 아무리 영양가 높은 음식물이나 몸에 좋다는 보약이나 신령스럽다는 차도 세포가 독소에 중독되어 있어서 흡수를 거부합니다.

마음이 세 가지 독소(탐진치)에 중독되어 있어서 해독을 하지 않으면 어떠한 귀한 말씀도 마음 밭에 뿌리내리기가 어렵습니다. 그래서 제가 건네는 몸과 마음을 해독시켜주는 '빈 차'를 드시는 것이 좋습니다."
"그럼 이 빈 차는 어떻게 마시나요?"
"네, 입으로 마실 수는 없고 마음으로 마시면 됩니다. 그냥 마음으로 빈 차를 바라보시면 됩니다. 단, 30초 이상은 바라봄의 상태를 유지해줘야 합니다. 30초가 지나야 우리 몸과 맘의 스위치에 메모리가 되기 때문입니다."

"그냥, 바라만 보면 됩니까?"

"네, 그런데 짧은 30초 동안이지만 수많은 생각들이 빈 찻잔을 가득 채우며 넘쳐나게 될 것입니다. 그럴 때마다 바라보는 마음은 온갖 잡념들의 간섭에 끌려다닐 것입니다."
"마치 기도할 때나 명상할 때처럼 마음이 어지럽게 된다는 것이죠?"
"네, 그렇습니다. 그때는 '무!', '나와 상관없어!' 하면서 잡념을 놔 버리세요. 이것이 빈 차를 마시는 방법입니다."
"……"

평화로운 마음, 당당한 자존감, 기쁨의 충만은 채움이 아니라 비움이라는 단순함 속에 있습니다. 재물이나 권력이나 사람들의 관심은 한순간에 사라지는 물거품과도 같습니다. 마치 홀로서기가 안 되어 지팡이에 의지하여 서 있던 사람이 어느 날 지팡이를 잃어버려서 땅 바닥 위에 쓰러져 있는 것처럼 허망한 것입니다.

끌어모으는 가난뱅이의 탐욕스런 마음을 놔버리면, 권력에 의한 당당함을 놔버리면, 주변사람들에 의한 관심에 뿌듯해 하는 마음을 놔버리면, 온갖 탐욕스런 독소에 중독되어 있는 몸과 마음이 비워지면서 본래의 참 나가 드러나기 시작합니다.
그래서 본 서는 하나의 건강을 위한 치유와 행복을 위한 비움에 관한 '빈 잔, 빈 소리'의 모음이라고 할 수 있겠습니다.

모성을 상징하는 관세음보살님이 우리의 어깨를 다독거리며 "괜찮아~ 괜찮아!" 위로해 주시듯, 부처님께서 한없는 에너지와 포용력으로 껴안아 주시며 "힘내~힘내, 내가 있잖아!" 하시듯, 그러한 불보살님들의 크신 마음을 헤아려 한 자 한 자 정성스럽게 표현해 봤습니다.

　동시대에 태어나 함께하는 분들에게 세상을 향한 불보살님들의 연민의 마음, 구도자와 신앙인들의 자유로운 마음과 간절한 기원을 이렇게라도 전해드릴 수 있어서 저 개인적으로는 영광이 아닐 수 없습니다.
　본 책자와 함께하시는 모든 분들의 인생길이 부처님의 보살핌 속에 행복으로 넘치기를 기원하겠습니다.

2018년 가을 반야선원에서<br />종학宗學 합장

## 차례

추천의 글 __ 2
인사말 __ 4

인연 __ 15
늙음에 대하여 __ 17
몸에 대하여 __ 20
맘에 대하여 __ 26
믿고 이해하고 행하며 체험하기 __ 34
생활이 그대로 명상 __ 37
운명과 숙명 __ 40
방귀 뀐 놈이 성을 내서야 __ 46
하늘과 바다와 산 __ 53
돈도 마음이 있다 __ 57
업이란 무엇일까 __ 63
땅도 마음이 있다 __ 65
천우신조 __ 69

| | |
|---|---|
| 복력이 약하다 | 72 |
| 절의 자연 철학적 의미 | 75 |
| 스스로 죽음을 준비하자 | 80 |
| 어지간하면 그냥 사세요 | 84 |
| 인연을 알면 세상이 보이기 시작한다 | 88 |
| 인드라망(자연의 시스템은 정보통신망이다) | 93 |
| 자연은 일음일양一陰一陽의 도道 | 96 |
| 바람은 바람으로 돌고 돈다 | 100 |
| 미안해와 고마워 | 103 |
| 텅 빈 하늘에 보름달처럼 | 110 |
| 무거운 삶의 짐을 내려놓기 | 112 |
| 하늘나라 사람들 | 114 |
| 인간은 세상의 주인이요 만물은 자식이다 | 116 |
| 시절인연時節因緣 | 118 |
| 조화는 사랑이다 | 121 |
| 하늘은 | 123 |
| 마음에 대한 | 125 |
| 사랑밖엔 난 몰라 | 126 |
| 나는 스스로 존재하는 자 | 128 |
| 입춘立春인 오늘은 | 130 |
| 동짓날을 맞이하여 | 131 |

깨달음의 선물, 웃음 __ 132

산이 되어 물이 되어 __ 135

말씨 글씨 __ 138

하늘과 땅 __ 140

화원 5일장 __ 142

문제를 풀고 함께 사는 길 __ 145

무소유한 공간 __ 147

보살의 마음 씨 __ 150

우리의 인사법 __ 152

살아 있어도 죽은 목숨 __ 155

업도 자기 자리로 돌아가야 __ 157

습기는 항상 제거해야 한다 __ 158

부처는 홀로 서 계신 분 __ 161

자녀의 반항에 대하여 __ 163

행복은 이미 주어진 것 __ 165

빠르면 운동 느리면 명상 __ 168

절에 대하여 __ 170

마음의 반사작용 __ 173

움직임과 함께하면 마음 문이 열린다 __ 176

심뽀를 풀고 단전을 풀어라 __ 178

볼 마사지에 대하여 __ 181

| | |
|---|---|
| 명상에 대하여 | __ 185 |
| 명상의 필요성 | __ 187 |
| 명상은 곧 수행이다 | __ 191 |
| 웃음 명상 | __ 194 |
| 허리를 세우고 숨을 살피라 | __ 195 |
| 자연히 해결되는 길 | __ 198 |
| 불교는 상식이며 과학이다 | __ 200 |
| 천상천하유아독존 | __ 202 |
| 걸으면서 휴식하기 | __ 203 |
| 숨 쉬면서 휴식하기 | __ 205 |
| 시간의 흐름을 음미하자 | __ 208 |

**핵심** 核心 __ 210

| | |
|---|---|
| 화엄경은 사랑의 완성 | __ 213 |
| 수신은 자기를 살피는 것 | __ 216 |
| 내 몸은 수행하는 장소 | __ 218 |
| 참회는 떳떳함을 회복하는 것 | __ 219 |
| 목을 풀어라 | __ 222 |
| 가지와 잎새의 건강학 | __ 226 |
| 무엇을 사랑하게 된다는 것 | __ 228 |
| 자연미인이 되는 길 | __ 230 |
| 빛을 받으면 깨어난다 | __ 232 |

사대 성인은 지구의 산물 __ 234

자연은 살아있는 경전 __ 237

창조자가 되고 피조물이 되지 말라 __ 239

친구는 한 사람이면 족하다 __ 243

무관심한 사회 __ 245

인생은 한 생각 차이 __ 246

멈추면 행복한 것을 __ 248

뿌린 것이 다르다 __ 250

지갑을 열어 베푸는 마무리 __ 252

웃음은 하늘로 울음은 땅으로 __ 254

신은 스스로 존재하는 분 __ 256

가위바위보 놀이정신 __ 258

사랑은 삶의 완성 __ 261

오직 이 순간에 깨어있으라 __ 264


마무리 __ 269

참선체조 수행 프로그램 안내 __ 270

# 인연

가을 은행잎

꽃비 되어 바람에 휘날리고

서산에 황금빛 노을

붉게 타오를 때

그물에 걸리지 않는 바람처럼

자유롭게 걸어오시는 님이시여!

'산이 되어 물이 되어'

시를 읊으시며

우리 앞에

행복의 복주머니 한 아름 안고 오셨네

행복을 찾아 나선 임들이시여!

'인연'의 문고리

살그머니 잡아당기고

들어오셔서

부처님과 함께 영원히 쉼, 하소서

참 나가

한 생각

일으키니

잔잔한 호수에 파문이 일고

크고 작은 고기들 다투어서 뛰어오르듯
영혼의 입자들이
어지러이 춤을 춥니다
얼키설키
인드라 그물망처럼
촘촘히 엮어져서
천백억으로
몸을 쏟아냅니다
생명은 오직
어머니 품에서 만들어지듯
한 생각이
천천만만의 몸들을
일으키고
사라지게 하는
창조의
어머니랍니다
인연!
그것은 또 다른 나와의 만남입니다

# 늙음에 대하여

**답** 늙어간다는 것은 언제나 늘~ 살아(오고)간다는 것으로 여래<sup>如來</sup>라 하는 뜻과 같습니다. 이 세상에 태어나 늙어가지 않는 존재는 단 하나도 없습니다.

수수억겁의 세월 동안 그렇게 늙어왔고 또 이렇게 늙어가고 또 그렇게 늙어가는 것이 살아있는 모든 존재들의 삶의 모습입니다. 그런 점에서 살아있는 존재는 모두다 여래<sup>如來</sup> 아닌 것이 없습니다.

우리는 나를 늘~ 이어가니(去:가다) 늙어간다고 하는 것입니다. 여기에는 시작도 끝도 없이 어제, 오늘, 내일, 과거, 현재, 미래, 전생, 현생, 내생, 영원에서 영원까지 '나를 이어가고', '늘~거'가는 것입니다. 죽으려야 죽을 수도 없는 영원히 변화하는 생명입니다. 잠시 바람에 의해 파도로 일어났다가 수많은 나와 너라는 물방울로 떨어져 내리며 원래 왔던 생명의 바다로 돌아가는 철새 같은 존재들입니다.

**문** 그래 사람이 나이 먹고 병들어 죽으면 '돌아가셨다'고 하나 봅니다.

본래 왔던 생명의 고향으로 돌아감을 표현하고 있는 거군요.

**답** 그렇습니다. 부처님은 이러한 이치를 인식하고 사시니 오고가나 자유로우시고 중생은 이러한 이치를 알지 못하고 사니 오고가나 혼자 고립감 속에 고통스런 것입니다.

그러니까 이치를 모르는 사람은 앞뒤 분간 못하고 좌충우돌하며 힘겹게 살고, 이치를 아는 사람은 잠시 지구에 소풍 나온 가벼운 맘으로 사는 거지요.

소풍 온 이곳에 천년만년 살 것마냥 탐내어 끌어모으고 끌어모은 걸 지키겠다고 성질부리며 자기를 더욱 힘들게 어리석은 생각만 내지 말고, 함께 소풍 온 친구들의 도시락이 변변치 않으면 맛있게 준비해온 자기 음식도 나눠 먹으면서 즐거운 시간을 보내야 합니다.

또한 '놀자니 염불한다'고 염불노래도 불러보고 그러다 노는 것이 힘이 들면 조용히 자리에 앉아 묵상하는 시간도 가져보고 그렇게 여유롭게 살다 가는 것이지요.

**문** 네, '떡 본 김에 고사지낸다.'고 산천경계를 구경(열반)도 하고, 염불노래도 힘차게 불러보고, 조용히 걷거나 앉아서 묵상도 해보고……, 생각만 해도 몸과 맘이 행복해져 옵니다.

**답** 네, 그렇습니다. 여래如來라는 이름표를 가슴에 달고 지구에 소풍 나왔으면 그 여래如來라는 이름표가 부끄럽지 않도록 떳떳하게 늘어가야지요. 바로 육바라밀의 실천입니다. 보시놀이, 지계놀이, 인욕놀이, 정진놀이, 선정놀이, 지혜놀이를 열심히들 하셔야지요. 공부를 놀이처럼 즐기며 하면 됩니다.

**문** 네, 알겠습니다. 여래<sup>如來</sup>라는 이름이 부끄럽지 않게 곱고 향기롭게 '늘~거'가는 늙은이(늘~가는 사람)가 되겠습니다.

## 몸에 대하여

**문** 불교수행을 하시는 분들은 왜 이 몸을 '몸뚱어리'라고 표현하시면서 길거리에 내버려야 하는 짐 보따리 취급을 하시는지 모르겠습니다.

**답** 그 이유는 몸이 더러운 오물이라서 그런 것이 아니라 몸에 대한 지나친 집착을 멀리하고 생각을 쉬게 하려는 조치입니다.

그동안 눈으로 귀로 코로 입으로 손과 발로 생각으로 수많은 것들을 끌어모아 저장해 두느라 용량이 초과된 창고처럼 몸이 '몸뚱어리'처럼 망가져 있는 것이라 봐야죠.

어느 일부분만 수리해서 될 것이 아니라 전체적으로 수리하고 수리하고 또 수리해서 모두 다 수리해야 할 판입니다.

오죽하면 천수경 첫 마디에 "수리수리 마하수리 수수리 사바하!"라고 했겠습니까? 수리를 하려면 '깨끗이 깨끗이 모두 깨끗이 깨끗이, 수리했다는 생각까지 깨끗이 수리'해야 합니다.

**문** 하하, 해석이 재밌습니다. 그러니깐 지금까지 살아오면서 눈으로는 수많은 모습과 상황들을, 귀로는 수많은 소리와 말들을, 코로는 수많은 공기와 냄새들을, 입으로는 수많은 음식물을, 손발과 그리고 몸으로는 수많은 느낌을, 생각으로는 수많은 정보와 지식을 받아들여서 결국에는 보고, 듣고, 숨 쉬고, 먹고, 마시고, 느끼고, 생각하는 양을 감당하지 못해서 여러 가지 병과 고통이 발생하고 있다는 것이군요.

인생 자체의 다이어트가 필요하다는 말씀이군요. 마치 용량이 초과된 컴퓨터가 작업하고 정보를 검색하는데 '버벅' 될 때에는 꼭 필요한 정보는 외장형 하드에 복사해 놓고 나머지는 다 초기화시켜 날려버리듯이 말이지요. 그런데 사람은 어떻게 해야 하는지 궁금합니다. 그래서 수행이라는 것이 필요하다는 말씀인가요?

**답** 그렇습니다. 수행이란 '닦을, 수修 + 움직일, 행行'자입니다. 필요 없는 생각이나 감정들이 나에게 영향을 미치고 있으니 이를 닦아버린다. 즉 지워버린다는 것입니다.

"나는 생각 한다, 그러므로 존재한다"가 아닌, "나는 생각 안 한다, 그러므로 편재한다"가 됩니다.

몸에는 세 개의 창고가 있습니다.

눈에 보이는 몸,

눈에 안 보이는 감정의 몸,

눈에 안 보이는 생각의 몸이 그것입니다.

이 세 개의 창고를 수리하고 또 수리해서 깨끗이 닦아야 합니다.

**문** 그럼 어떻게 닦아야 합니까?

**답** 하늘에 해가 쨍쨍 내리 쬐는데 눈발이 내릴 때와 날이 우중충 먹구름이 끼어 있는데 눈발이 내릴 때의 차이점이 무엇이던가요?

**문** 햇빛이 쨍쨍 내리 쬐일 때는 눈발이 하늘에서 내리자마자 허공중에 녹아 사라져 버리고, 날이 우중충 먹구름이 끼었을 때는 하늘에서 내리는 눈이 땅에 떨어져 수북이 쌓이는 것을 알 수 있었습니다.

**답** 눈발이 허공중에 녹아 사라질 때는 인간생활에 아무런 불편함이 없고 도리어 자연이 만들어내는 오색 무지갯빛의 아름다운 연출을 구경할 수 있어 환호성이 나옵니다.

그러나 눈발이 허공에서 사라지지 않고 우리가 사는 땅 위에 내려 쌓이게 되면 불편함이 한둘이 아닙니다. 차량 사고나 낙상 사고가 우려되니 차량 운행이나 사람들의 보행에 각별히 주의가 요망됩니다. 심하면 차량이나 사람들의 움직임도 막혀서 집 안에 들어앉아 꼼짝 못하게 되기도 합니다. 깊은 산간지역에 사는 분들은 며칠이고 갇혀서 생존을 위협받기도 하고요.

**문** 네, 이런 자연현상에서 수행에 대한 정보를 얻을 수 있다는 말씀이시군요.

**답** 그렇습니다. '초발심시변정각初發心時便成正覺'이라고 하였습니다. 맨처음 생각이 일어났을 때 '바로 알아차리면' 바로 깨어있는 상태라는 것입니다.

이미 내 몸속(몸의 창고, 감정의 창고, 생각의 창고)에 있는 기억들이 마음의 스크린에 움직이기 시작할 때, 그 즉시 '바로 바라보면' 허공중에 내리는 눈발이 강력한 햇볕에 녹아 사라져버리듯 없어져無 버립니다. 이것이 수행의 실상입니다.

**문** 그러니깐 이미 정보로 내 몸속에 저장된 기억들이 떠오를 때, "이것이 뭐꼬?" 하고 들이밀고 가만히 그 침묵 상태를 유지하고 있으면 (마치 고양이가 쥐를 노려보듯) 눈발이 허공중에 사라져 버리고 맑은 허공이 그대로 드러나 있듯이 마음이 맑고 밝은 상태를 유지한다는 뜻이군요.

**답** 네, 그렇습니다. 우리 몸은 어머니 모태에서 280일 동안 탯줄을 통하여 어머니가 제공하는 영양물질과 산소를 '끌어모아서' 저나 보살님처럼 '이 모양 이 꼴'의 사람 형상을 하나 만들어 세상에 나왔습니다. 그리고 죽을 때까지 모태 속에서 하던 버릇 그대로 '끌어모으는 버릇'을 계속 부리며 살다 갑니다. 결국 죽을 때에 가서야 한평생 끌어모아 온몸을 짐 보따리 버리듯 하고 죽어가는 것이죠.

그래서 어차피 죽어서 그렇게 될 운명인 것을 왜 한평생 끌어모으는 것에만 집착하여 탐욕 부리고 성질부리고, 내 것, 네 것으로 나누는 생각만 하며 힘들고 괴롭게 사느냐는 것입니다. 보석을 한 아름 안고 있어도 짐이 될 뿐입니다.

**문** 네, 오늘은 몸에 대한 개념을 확실히 이해하는 시간이 된 듯합니다. 몸이란 '모음'의 줄인 말이고 '모음'은 동사로 바꾸면 '모으다'의 뜻입니다. 어머니 모태 속에서 모으던 버릇이 세상에 나와서 죽을 때까지 그 버릇대로,
눈으로 보이는 대로 끌어모으고,
귀로 들리는 대로 끌어모으고,
코로 숨 쉬는 대로 끌어모으고,
입으로 들어오는 대로 끌어모으고,

손이나 발로 느끼는 대로 끌어모으고,
생각나는 대로 끌어모으며 살아 나오면서 몸과 가슴과 머리는 그 모아진 것들로 인해 힘들어하고 병도 나고 고통을 당하며 살다 간다는 것이군요.

**답** 네, 그래서 넘치도록 쌓여진 것들은 죽으면 어차피 다 창고방출하고 가야 하는데 미리 하나하나 창고에서 꺼내서 나누는 생활을 해야 그만큼 내 몸이 가벼워지고 내 가슴이 편안해지고 내 머리가 개운해지게 되어 행복한 인생이 된다는 것입니다.

**문** 네, 말씀을 듣고 보니 몸과 가슴과 머리를 청정하게 하는 삶의 다이어트를 당장에 실천해서 이제 얼마 남지 않는 여생을 건강하고 안락하고 행복하게 살다 가야겠다는 다짐을 해보게 됩니다.
육바라밀을 실천하면 그동안 내 자신을 힘들게 했던 삶의 무게들을 크게 덜어낼 수 있는 좋은 다이어트 법이 되겠다 싶습니다.
보시, 지계, 인욕을 열심히 실천(정진)해서 '본래무일물本來無一物'이라는 가르침처럼 하나의 티끌까지도 남김없이 이웃사랑을 위해서 베풀면서 지혜롭게 살도록 하겠습니다.

# 맘에 대하여

**문** 오늘은 마음에 대한 실체가 궁금하여 의문을 해소하고자 합니다. 마음이란 도대체 무엇인가요?

**답** 부처님이시라 해도 마음이란 '이런 것이다'라고 답을 줄 수 없는 것을 어찌 제가 보살님의 의문을 풀어드릴 수 있겠습니까?

**문** 그래도 마음을 주제로 다루는 종교를 믿고 사찰에 다니는 사람으로서 마음이란 무엇이라는 정도는 알고 지내야 되지 않겠습니까?

**답** 마음이란 '본래무일물本來無一物'이라 하나의 먼지도 앉을 수 없어 아무것도 없는 무無이기에 개념이 없는 것입니다. 먼지 하나라도 있어야 이야기가 시작될 수 있지 아무것도 없는데 무얼 논할 수 있겠습니까? 그러므로 생각을 통해서 알게 되는 것이 아니라 생각을 멈추고 침묵이라는 언어를 통해서 자연히 알아지는 것입니다.

**문** 어찌 보면 뜬구름 잡는 이야기 같아 쉽게 마음에 와 닿지가 않습니다.

**답** 그렇다고 마음공부하시는 수많은 분들이 허망한 짓을, 허탕 칠 짓을 하는 것은 절대 아닙니다. 질문이 성립되지 않아 답을 줄 수 없는 것이, 마음이란 존재이기 때문에 수많은 삶의 문제를 해결하는 마스터키 역할을 하는 것입니다. 즉, '무無', 답이 없다는 것이니 답이 나오지 않는 문제를 끌어안고 시름할 필요가 없다는 것입니다. 답이 나와야지 머리를 싸매고 시름이라도 할 것 아니겠습니까?
이를테면 운문 스님께 어느 스님이 찾아와서 묻기를 "무엇이 부처입니까?" 하고 물으니 "마른 똥 막대기니라."라고 응수하시잖아요?

**문** 부처님이 마른 똥 막대기라니 그게 도대체 무슨 말씀인지요?
**답** '마른 똥 막대기 같은 질문을 왜 하느냐?' 다시 말하면 답이 없는 질문이기에 '쓸데없는 의문을 내려놔라'입니다.

**문** 그래서 스님들께서는 '내려놔라', '비워라'라고 하시나 봅니다. 답이 없어 질문이 애당초 성립 안 되니 그런 질문일랑 내려놔라 이런 말씀이군요. 한 마디로 '쓸데없는 고민을 말라'는 뜻으로 이해됩니다.
**답** 그렇습니다. 답이 있어야 질문이 성립하는 것이니 우리가 살아가면서 던지는 마음에 관련된 수많은 고민거리가 사실은 답이 나오지 않는 것을 붙들고 괴로워하는 경우가 많습니다. 답이 없으니 자기의 생각을 내려놓고 자기의 기분을 내려놓으면 된다는 것입니다.

**문** 답이 없는데 문제만 잔뜩 끌어안고 살아간다는 이런 모순도 없겠습니다.
**답** 마음이란 한 마디로 말하면 소리이고 말이며 일체존재를 만들어내는 생명의 씨이기도 합니다. '말이 씨가 된다.'고 하잖습니까?

**문** 마음이란 '말이요 소리'라니 선뜻 이해가 안 됩니다.
**답** 살아서 움직이는 모든 생물은 다 소리가 실체입니다. 성즉실상聲卽實相이 그 뜻이요, 소리와 진리의 세계가 하나라는 진언동법계眞言同法界가 그 뜻입니다. 우리말에 말이 씨가 된다는 뜻과 같습니다. 마음씨를 우리가 알아들을 수 있도록 표현한 말이 바로 소리 아닙니까? 그래서 생각이나 마음의 움직임 자체가 현상을 만들어내는 미세한 운동현상입니다.

**문** 그래서 말이 씨가 됨으로 '말씨'라고 하나 봅니다. 저도 언젠가 동양철학에서 말하는 "일음일양지위도一陰一陽之謂道, 도야자 언道也者 言, 언야자 신言也者 神"이라고 하는 글귀를 본 적이 있습니다. '하나의 음과 양이 도道요, 도道는 말씀인 소리요, 소리가 바로 신神이다.'라는 뜻이더군요.
**답** 맞습니다. 일체존재는 살아 움직이는 생물(생명)입니다. 살아있다는 자체가 바로 운동성으로 일정한 파동波動을 가지고 있습니다. 그래서 한 생각이 무량한 겁이요, 하나의 파장이 천천만만의 파장을 일으킨다고 일파만파무량파一波萬波無量波라 합니다.

마음 자체가 파동이요, 생각 자체가 파동현상으로 어제·오늘·내일·과거·현재·미래로, 전생·현생·내생으로 물결치며 흐르고 있는 것입니다.

**문** 제가 알고 지내는 처사님이 계시는데 이분이 부인 몰래 알고 지내는 여자에게 자기 명의로 대출을 해서 수억 원을 빌려줬나 봅니다. 그런데 그 여자분이 빌려간 돈을 다 탕진하고 신용불량자가 되어버렸습니다. 그래서 자기가 매달 대출이자를 갚아가면서 너무 괴로워 죽을 마음을 가지고 있었나 봅니다. 그 무렵 처사님이 너무 괴로워서 마지막으로 평소 알고 지내던 스님을 찾아뵙고 하직인사라도 올려야겠다고 생각하고 스님을 찾아갔습니다.

그런데 절을 올리고 자리에 앉았는데 스님께서 "못난 사람 같으니라고 그런 일 가지고 죽을 생각을 하나, 이 못난 사람아?" 하더랍니다. 그래 처사님이 정신이 번쩍 들었다고 합니다. 그 스님은 어떻게 이 처사님의 마음속 사정을 알 수 있었을까요?

**답** 네, 사람의 귀에 들리지 않는 마음속 미세한 움직임이라도 그에 따른 소리가 파도 소리처럼 울려오는 것입니다. 그래서 그 처사님의 마음에서 일어나고 있는 생각의 소리를 듣게 된 것입니다.

입으로 소리를 내지 않아도 생각을 하게 되면 파동이 일어나서 소리를 내고 있는 것입니다. 그래서 관세음보살님은 일체의 소리를 들으신다고 하는 것입니다. 마음공부를 하게 되면 상대방 생각의 움직임 곧 소리를 들을 수가 있습니다. 사람들이 다 잠든 깊은 밤중에 도둑놈이 담을 넘나들어도 그 미세한 발자국 소리는 나는 법입니다. 마음이 아무리 사람 눈에 보이지 않는다고 해도 반드시 생각이라는 움직임이 소리로 나타나기 때문에 감지가 되는 것입니다.

이 세상에 살아 움직이는 생명들은 각자 자기 소리를 울리며 살고 있습니다.

귀로 들리는 것만 소리치는 것이 아니며

눈으로 보이는 것도 소리치며

코로 숨 쉬어지는 것도 소리치며

입으로 드나드는 것도 소리치며

손발이나 몸으로 부딪치는 것도 소리치며

생각이란 것도 소리치며

이 순간도 쉼 없이 자기 소리를 울려 대며 살아 있음을 알리고 있습니다. 그러므로 이 세상의 모든 움직임을 마음의 눈으로 바라보면 소리 아닌 것이 없으니 이를 관음觀音이라 하고 그 울려 퍼지는 소리를 묘음妙音이라고 합니다.

**문** 그러고 보니 살아있다는 자체가 바로 리듬이며 소리인 것 같습니다.

창공의 구름도 리듬감 속에 소리 내며 흘러가고,

망망한 바다도 리듬감 속에 소리 내며 출렁거리고,

깊은 산속도 고요한 리듬감 속에 침묵으로 소리 내며 흐르고 있는 것 같습니다.

**답** 일 년도 봄·여름·가을·겨울의 리듬을 타고 흐르면서 봄 소리, 여름 소리, 가을 소리, 겨울 소리를 내고, 하루도 아침·낮·저녁·밤의 리듬을 타고 흐르면서 아침소리, 낮 소리, 저녁소리, 밤소리를 내고, 인생도 생로병사의 리듬을 타고 흐르면서 태어남의 소리, 늙음의 소리, 병든 소리, 죽음의 곡소리를 내고, 감정도 희로애락의 리듬을 타고 흐르면서 기쁜 소리, 화내는 소리, 슬픈 소리, 즐거운 소리를 내고 흐릅니다.

물은 물 소리를 내고, 바람은 바람 소리를 내고, 구름은 구름 소리를 내고, 소는 소 소리를 내고, 닭은 닭 소리를 내고, 개는 개 소리를 내고, 살 놈은 살 소리를 내고, 죽을 놈은 죽을 소리를 내고, 중생은 중생 소리를 내고, 부처는 부처 소리를 내고, 우주는 침묵의 소리를 내고, 인간은 소리의 혼돈 속에 빠져 불협화음을 내고 사는 것입니다.

그러므로 소리를 주제로 보면 일체가 소리 그 자체입니다. 그래서 관세음보살을 세상의 온갖 소리를 다 알아 들으시며 천 개의 눈과 손으로 중생의 고통을 살피시고 해결해 주시는 구세주라고 하는 것입니다. 지금 말씀드린 내용들은 마음의 실상과 작용이라는 세 가지 기능을 이해하게 되면 알 수 있는 것들입니다.

**문** 듣고 보니 우리 불자들은 전생에 무슨 큰 복을 지었기에 이렇게 위대한 관세음보살님을 부를 수 있는 기회를 얻게 되었을까 하는 생각이 들고, 또 한편으로는 관세음보살님의 서원하신 바가 고통 속에 있는 중생을 구제해 주시겠다고 하신 것이라 중생은 아무런 복도 지은 것 없이 그냥 받게 되는 축복 같기도 하여 너무 감사한 마음이 듭니다.

**답** 네, 그렇습니다. 항상 관세음보살님을 가슴에 품고 살아야 합니다. 마음에 대하여 정리할 시간이 된 것 같습니다.

정리하자면, 우리가 일상적으로 알고 사용하는 마음의 줄임말이 '맘'이며 마음은 '만음萬音'에서 왔습니다. 만萬이란 시험문제가 100문제든 1,000문제든 모두 맞춰야 '만'이 됩니다. 하나라도 틀리면 '만'이 안 되는 것입니다. 그래서 만이란 '모두', '전체'를 의미하는 것입니다. 그리고 '음音'이란 참 소리, 참 말씀이라는 진언입니다. 그러므로 '만음'이란 부처님 나라의 참된 말씀이라는 뜻입니다. 이 소리의 파동이 제로 상태에 머물면 마음이 고요한 상태에서 지혜의 빛으로 빛나는 부처님 마음이 됩니다.

그러나 탐욕이 발동하여 제로 상태를 벗어나서 움직임을 시작하면 고요함이 깨지면서 생각의 힘으로 움직이기 시작하는, 말도 많고 탈도 많은 중생의 삶이 펼쳐집니다. 같은 칼이라도 손에 쥔 사람에 따라서 그 용도가 달라지듯이 칼은 수술 칼도, 흉기도, 요리도구도 될 수 있는 것입니다. 마음이란 존재도 어떻게 사용하느냐에 따라서 보살도 되고 중생도 되고 그런 것입니다.

**문** 네, 감사합니다. 불교에서는 일체유심조화一切唯心造化라 하여 인간의 살림살이 모두가 마음의 조화라고 하는데 그 마음이 바로 말씀이라는 소리의 파장이었군요.

앞으로 더욱 더 마음의 성질을 이해하고 마음을 잘 사용하도록 노력하겠습니다. 그런데 스님들이 수행하시면서 드신다는 화두 공부는 도대체 무엇인가요?

**답** 네, 화두를 든다는 것은 수많은 번뇌, 망상을 최첨단 레이저 칼을 이용해서 단칼에 베어 버린다는 것에 해당합니다. 화두話頭의 한자 뜻은 '말(소리) 머리'란 뜻입니다. 소머리, 돼지머리 이런 머리가 아니고 '생각하는 머리'를 단칼에 베어서 사고활동을 즉시 중지시켜 버린다는 뜻입니다.

머리를 단칼로 베어버렸으니 죽은 사람이 무슨 생각을 하겠습니까? 번뇌, 망상이란 바로 바닷물이 파도치는 현상과 같은데 생각을 중지시키면 파도치는 현상이 즉시 멈추고 고요하고 청정한 마음 바다가 됩니다. 이러한 마음 조정의 방법을 반야심경에서는 관조법이라 하여 부처님 이후 육조 혜능 대사까지 이어져온 것입니다.

믿고 이해하고
행하며 체험하기

병을 앓고 있는 사람이 있었다. 여러 약들을 구해서 복용했지만 병세는 나아지질 않아 그는 점차 살아야 할 이유를 잃어가고 있었다. 병든 몸으로 살면서 식구들에게 짐이 될 바에는 조용히 죽어야겠다는 생각을 하기에 이르렀다.

그러던 어느 날 중국의 화타와 편작 같은 의술의 도사를 만나게 되었다. 그로부터 세 알의 약을 얻었다. 그는 기뻐서 어찌할 줄 몰랐다.

그런데 석 달이 다 되어가도록 병세는 나아질 기미가 안 보였다. 그는 여전히 골골하며 병색이 짙은 얼굴을 하고 있었다. 1년이 지나고 3년이 지나도 마찬가지였다.

어느 날 전설 속의 도사를 다시 만났다. 한 번도 아니고 두 번이나 전설 속의 도인을 만났다는 데서 그는 기절할 듯이 기뻐서 어찌할 줄 몰랐다.

도사가 보니 이전보다 병세가 깊어진 걸 보고 이럴 수는 없는데 하면서 그에게 물었다.

**문** 제가 전해준 약은 드셨습니까?
**답** 사실 약을 먹지를 못하고 제 주머니에 깊이 넣어두었습니다.

**문** 아니, 드시라고 약을 드린 건데 주머니 깊숙이 넣어두고 지내다니요?
**답** 왠지 모르게 먹는 것보다는 그냥 간직하고 지내는 것이 좋을 듯싶어서요. 세상 그 누구도 쉽게 얻을 수 없는 귀한 약을 저의 주머니 깊숙이 간직하고 있다는 것만으로도 전 뿌듯한 마음이 듭니다. 제가 아주 특별하고 귀한 사람처럼 느껴지기도 하고요. 그래서 먹지 않고 이렇게 간직하고만 다닌답니다.

**문** 아니, 그러는 동안 늙어 가고 더욱 병세는 깊어지고 하면 주머니에 간직한 약을 복용한다 해도 그때는 아무런 효과가 없을 것인데 그러셨습니까?
**답** 알겠습니다. 이제라도 먹도록 하겠습니다.

그는 결국 남들이 얻을 수 없는 귀한 약을 손에 쥐었지만 시기를 놓쳐서 그만 한 알도 먹지 못하고 죽고 말았다.

부처님 가르침을 만나기가 백천만겁 난조우百千萬劫 難遭遇라 했다. 우주가 한 번 생겼다 사라지는 시간을 겁劫이라고 한다. 너무 긴 시간이 흘러도 부처님의 가르침을 만나서 배워도 실천하기가 어렵다는 뜻이다.

35

위 이야기는 소위 생각으로만 믿고 구원받고 해탈되었다는 경우로써 말씀을 머릿속에 기억해 두었다가 한 번씩 회상하면서 만족해하며 사는 그런 부류의 신자들을 말하는 것이다.

불교는 부처님의 가르침을 듣고, 이해하고, 실행하고, 체험하는, 철저하게 자신이 행한 바대로 자신이 거둬들여 엄격하게 자기 책임을 묻는 어른스런 종교이다.

그래서 자기가 초래한 문제점들을 스스로 정리한다는 의미에서 이를 수행이라 하고 남들이 초래한 문제점들을 스스로 정리하게끔 도와준다는 의미에서 이를 대자대비라 한다.

어린아이같이 생각으로 믿는 차원에 머물러 있어서는 안 된다. 반드시 믿음의 내용대로 실천해서 확증을 만들어 내야하고 그리고 탐욕으로부터 구원받고 어리석음으로부터 해탈한 사람답게 이웃의 고통을 챙기며 사는 구세주가 되어야 한다.

# 생활이 그대로 명상

**문** 스님! 안녕하셨습니까? 한 달 전에 우울해서 찾아 왔었는데 오늘은 기분이 좋아서 찾아왔습니다. 제가 기분 변화가 심해서 삶을 더 어렵게 꼬이게 하는 것 같기도 합니다.

**답** 요즘 사람들은 스마트폰 중독현상이 심하다고 합니다. 텔레비전을 너무 가까이 장시간 시청하는 것도 중독현상이 생깁니다.

마찬가지로 수많은 생각과 감정들을 제때에 처리해 내지 못하고 쌓아두면 생각과 감정이 뒤죽박죽되어 쉽게 풀어내지 못하고 문제 속에 파묻혀 버리는 중독현상이 일어나서 괴롭습니다. 그럴 때는 비우고 내려놔서 가벼워져야 합니다.

**문** 어떻게 해야 비우고 내려놓을 수 있습니까?

**답** 옷이 더러워지면 세탁기에 넣어서 '돌리면' 깨끗해지듯이 생각과 감정을 원래 왔던 자리로 돌리는 명상을 하면 도움이 됩니다.

**문** 저희 남편은 저와 말다툼을 하다가 갑자기 집 밖으로 나가 버리는 경우가 많습니다. 그럴 때 저는 더욱 화가 치밀어 제 기분을 어찌할지 모르는데 남편은 잠시 후에 들어와서는 아무 일 없었던 것처럼 편안한 표정으로 들어옵니다.

싸움도 상대가 있어야 하는데 남편의 표정을 보면 순간 제가 화를 더 이상 낼 수 없게 됩니다. 제가 화를 끓이고 있는 동안 남편은 동네 한 바퀴 '돌면서' 스스로 화를 풀어냈나 봅니다.

**답** 자연의 원리가 흐르는 물과 같습니다. 냄새나고 더러운 똥을 흐르는 물에 싸면 당장은 그 주변에 똥물이 퍼져 더럽겠지만 흐르는 물을 따라 흐르다보면 어느새 깨끗하게 풀어집니다.

사람들이 산으로 바다로 쫓아다니는 것이 단순히 건강만 좋아지는 것이 아니라 맺힌 마음을 풀어내는 효과가 있습니다.

그러나 돌아와서 머무는 현장에는 여전히 문제가 그대로 남아 있습니다. 그러니 수행을 통해서 이를 근본적으로 해결지어야 합니다. 단순히 기분 전환으로 해결되는 것이 아니라 문제의 원인을 내 속에서 정리해내지 않으면 현실의 문제는 여전히 날 괴롭게 합니다.

**문** 어떻게 수행해야 할까요?

**답** 몸매 관리가 필요하면 절 명상을 하면 되고, 노래 부르고 싶으면 염불을 하면 되고, 춤추고 싶으면 걷기 명상을 하면 되고, 이 사람 저 사람 다 꼴 보기 싫고 아무것도 생각하기 싫으면 '오직 자기'만 생각하는 명상을 하면 됩니다.

**문** 그럼 저는 다 해당하군요. 아직은 몸매도 신경 쓰이고, 노래하고 춤도 추고 싶고, 때론 중생이라서 이런저런 모습들 안 보고 오직 혼자 있고 싶을 때도 있으니 말입니다.

오늘부터는 제 하나하나의 움직임이 마음을 다스릴 수 있는 수행이라고 여기면서 좀 더 제 자신의 움직임을 살펴보도록 하겠습니다.

**답** 그러시다면 보살님에게는 모든 것이 그대로 공부 거리가 되지요. 그렇게 자신의 움직임을 살피다 보면 주제파악이 되면서 자기분수도 알게 되고 지금처럼 감정이 일어날 때마다 저에게 달려오는 경우도 줄일 수 있을 겁니다. 그때는 저 말고 부처님을 찾아뵈러 오시기 바랍니다.

## 운명과 숙명

**문** 스님! 도대체 제가 어떤 팔자를 타고 나서 이리도 구질구질한 인생을 살고 있는지 정말 궁금합니다. 팔자라는 것이 있긴 있습니까? 아니면 '잘되면 자기 탓, 안 되면 조상 탓'이라고 우리같이 구질구질한 인생들이 끼워다 맞추는 것입니까?

**답** 팔자가 있다면 좋겠어요, 없다면 좋겠어요?

**문** 글쎄요.

**답** 보살님 말씀대로 구질구질한 팔자가 있다면 팔자 탓인가 보다 하고 위안이라도 할 것 아닙니까? 그래서 속으로는 '있긴 있을 거야' 하고 수없이 생각하고 사셨지요? 그러면서도 '이 놈의 팔자인지 뭔지' 하면서 수없이 화도 나시고?

**문** 그건 그래요. 그럼 단순히 힘든 인생살이 위안이나 얻고자 의지하는 마음이 만들어낸 작품이 팔자인가요?

**답** 조주 스님께서 어느 스님이 "개에게도 불성이 있습니까?" 물으니 "있다" 하셨고, 또 다른 스님에겐 "없다"라고 하셨습니다. 왜 달리 말씀하셨을까요?

**문** …….
**답** '개에게는 불성이 있을 턱이 없지'라고 생각한 스님에게는 "있다" 하시고 '개에게도 당연이 불성이 있을 거야'라고 생각하신 스님에게는 "없다"라고 하신 것입니다.
이유는 고정관념을 깨서 사고의 대전환을 하게 해준 것이고 더 간단한 이유는 사고의 흐름을 순간적으로 중단시켜서 '참 나'와 만나게 해주려는 축복을 내린 것이었습니다.

**문** 팔자가 '있느냐, 없느냐'를 알고 싶었는데 스님 말씀 들으니 더 골치 아파집니다. 아니, 개에게 불성이 있고 없고 하고, 제가 알고자 하는 팔자가 있고 없고 하고 무슨 상관이라도 있습니까?
**답** 팔자에 대한 견해도 그렇거니와 이 세상에 존재하는 일체에 대하여 '있다', '없다'로 편 갈라서 어느 한쪽을 고집하듯이 하지 말라는 것입니다.

**문** 네, 팔자는 있을 수도, 없을 수도 있다는 말씀인가요?
**답** 그렇습니다. 이 세상의 모든 것은 현실적인 필요에 따라서 적당히 사용하면 약이 됩니다. 그러나 과하면 중독되어 도리어 필요에 의하여 끌어들인 것에 포로가 되어 죽을 때까지 못 벗어나는 경우가 많습니다.

몸이 아픈 환자에게 약은 필요하지만 매일매일 약을 먹고 산다면 정상적인 사람이 아닌 투병 생활하는 사람이라고 봐야죠. 나중에는 약이 주인이 되어서 자신이 끌려다니며 살아야 합니다.

**문** 그래도 이 구질구질한 인생을 살고 있는 현재의 저를 보면 꼭 팔자는 있는 것 같기도 합니다. 그렇다고 팔자타령만 하면서 구질구질한 현실을 '숙명'이려니, '운명'이려니 합리화하며 체념하고 살 수는 없겠고요.

**답** 숙명과 운명은 합리화할 수 있는 단어가 아닙니다. 숙명, 운명의 '명命' 자는 목숨 명+명령 명으로 하늘의 명령과 같은 것으로 시행되어야 하는 법과 같습니다.

숙명의 '숙宿' 자는 하루 동안 여행의 피로를 풀어내면서 내일 여행에 필요한 것을 챙기는 의미를 담고 있습니다.

또는 학교에서 선생님이 숙제를 내주신 과제물같이 전생에서 넘어온 숙제를 이생에서 풀어내야 할 부분을 말합니다.

운명의 '운運' 자는 '운전할 운運'으로 전생에서 이 생으로 넘어온 숙제를 풀어내면서 미지의 내일을 창조해가는 노력을 말합니다. 그러므로 인생은 타고난 숙명을 운명으로 개척하는 숙운명의 삶입니다. 수행이란 이러한 숙운명의 삶을 거슬러서 숙명의 '숙宿', 운명의 '운運' 자를 떼버리고 '명命'이라는 참 나에게 돌아가는 지심귀명례至心歸命禮인 것입니다.

**문** 기약 없이 여기저기 떠도는 나그네(중생)의 삶을 청산하고 자기 집으로 돌아가는 발걸음이 수행이라고 볼 때, 나그네의 불안하고 고통스런 생활 속에서 위안이 되고 희망을 주었던 팔자라는 논리는 큰 의미가 없다는 것으로 이해가 되는군요.

**답** 네, 잘 정리해 주셨습니다. 불교는 우리가 현실적으로 겪으며 사는 일들을 인연 속에서 이루어진다고 이야기 합니다. 그 인연의 움직임을 주역은 64개의 유형으로 분류하여 읽어 들어가고, 다시 그 구체적인 상황을 384개의 종류로 세분화해서 읽어 들어갑니다.

사주팔자학에서는 60갑자를 사람이 태어난 년월일시에 배치하여 여덟 자가 되니 팔자라고 합니다. 그러나 아직 미완의 학문으로 더 보완하여 발전해 나가야 할 숙제를 안고 있습니다.

기존의 사주학의 이론으로만 설명할 수 없는 것이 인연 법칙의 세계이며 너무 심오해서 수행을 통하지 않으면 알 수 없는 것입니다.

**문** 네, 설명을 듣고 보니 정말 살아가는데 '약'으로 취급해야지 매일 먹는 '밥'으로 취급해서는 안 되겠다는 것을 알겠습니다. 그래서 스님들께서는 사주팔자니 점이니 하는 것을 맹신해서는 안 된다고 경계하시나 봅니다. 사주팔자나 점에서 제시하는 논리 이상의 차원을 추구하는 수행의 삶을 사는 것이니 당연하다 생각됩니다.

제가 요즘 기도정진을 게을리 했더니만 팔자타령이나 늘어놓게 되었네요. 저도 기도정진을 열심히 할 때는 팔자타령을 하지 않았던 것 같은데 말입니다. 열심히 정진하겠습니다.

**답** 네, 정진을 열심히 하는 사람은 팔자에 구애를 안 받고, 정진을 게을리 하는 사람은 팔자의 구애를 받게 됩니다. 건강관리 열심히 하고 살면 약을 안 먹어도 되지만 그렇지 않으면 약을 달고 살아야 하는 것과 같습니다.

**문** 이젠 마지막 질문입니다. 죄송하지만 그래도 한 가지만 묻겠습니다. 저희 딸이 둘인데 시내에서 가게를 하나씩 운영 중입니다. 큰 애는 운영이 잘 되어 맨날 웃는데 작은 애는 운영이 안 되어 맨날 울상입니다. 운이 달라서 그런가요?

**답** 큰 애는 가을철 추수 때에 가게를 내서 곧바로 추수를 해 들이고 작은 애는 겨울철에 가게를 내서 그냥저냥 노는 겁니다. 음력 9월 9일 날은 제비가 강남으로 떠나고 다음 해 음력 3월 3일 날에는 제비가 다시 돌아오는 이치와 같습니다.

**문** 만사는 때가 있다는 말씀이군요.

**답** 네, 그렇습니다. 그렇지만 여기에 꺼둘리면 안 됩니다. 운명의 이치를 통달한 사람은 운명을 언급하지 않습니다. 왜냐하면 이미 그의 의식은 이 세상의 관심에서 떠나 있기 때문입니다. 그리고 단순히 배움을 통해서 운명을 얘기하는 것은 각별히 조심해야 할 부분입니다. 수행을 통해서 삶의 차원을 무한 차원으로 업그레이드하라는 것입니다.

**문** 그렇게 말씀하시니, 삶의 차원을 높이는 유익함이란 꽉 막힌 낮은 지점에서 전망이 한눈에 들어오는 높은 지점으로 올라가는 것으로 생각할 수도 있겠습니다.

## 방귀 뀐 놈이 성을 내서야

부산에 무진장(가명) 보살님이 오랜만에 찾아오셨다. 오신다는 전화를 받고 간만에 보이차를 대접할 준비를 하고 기다리고 있었다. 조금 있으니 인기척이 나는 걸 보니 벌써 도착하여 들어오시는 것 같다.

**문** 스님! 저 무진장 왔습니다.
**답** 네, 보살님 어서 오세요. 그동안 안녕은 하셨습니까?

**문** 절 올리겠습니다. 스님!
**답** 절은 무슨 절요. 그냥 이리 가까이 다가와 앉으세요.

**문** 그래도 일 배는 올려야죠.

넙죽 절을 한다고 엎드리시더니 한참 동안 몸을 일으킬 생각을 안 하시는 것이다. 이윽고 큰 소리로 '엉~엉~' 울기 시작하시는 것이 아닌가.

그 울림의 소리가 얼마나 내 가슴을 울리는지……. 이럴 땐, 그저 바보처럼 멍하니 바라보는 수밖에 없다.

**답** 그래, 그래요! 저 하늘 끝까지 울려서 하늘까지 울게 하세요. 혼자 우는 것보다는 저도 울고 하늘도 울고 함께 우는 것이 조금은 위로가 되지 않겠습니까.

자기는 먹고 살려고 발버둥을 치는데 남편이란 사람은 하는 일도 없이 빈둥거리며 논다. 거의 매일 술에 취해서 귀가하는 것도 부족해서 양쪽 바지 주머니에 소주병을 넣고 들어와 집에서 다시 혼자만의 술판을 벌린다.

정신이 나갈 정도로 취해야 떨어져 자다가 새벽녘에 일어나서는 인터넷에 접속하여 열심히 야동을 보면서 담배만 연거푸 피워대니 함께 사는 보살님은 죽을 맛인가 보다. 보다 못해서 "정신 차려서 사람 구실 좀 하고 살자"고 하면 두들겨 패기까지 하고.

"스님! 저 가슴이 막혀서 숨을 못 쉬겠어요. 죽을 것 같아요. 엉~ 엉~" 울면서 자기 가슴을 마구 치신다.

**답** 보살님! 답답해 미칠 것 같죠? 앞길이 안 보이시죠? 죽어버리고 싶죠? 그러실 겁니다.

'여자의 눈물은 무죄요, 최고의 무기'라고 했던가? 모든 허물을 용서하고 그 어떤 강자의 힘도 무력화시킬 수 있는 비장의 카드이기도 하다. 그런데 안타깝게도 양심의 문이 닫혀버린 이 남편에게는 이런 눈물이 통하지 않나 보다.

 그러나 눈물은 정말 무기 중에 핵폭탄급 무기라고 할 수 있다. 상대의 이성적인 판단을 중단시키고 화난 마음을 꼼짝 못하게 하며 부처님의 측은지심까지 일으키게 하는 힘이 있으니 말이다. 나아가서는 다겁생래 죄업장을 녹이는 데에도 통하니 신통방통한 여의주가 아닐 수 없다.

 얼마나 가슴 속에 화가 쌓여 있기에 아무 말 없이 통곡(순간적으로 대량으로 화를 밖으로 방출해내는 방식)을 하실까. 이럴 경우에는 그 어떤 말보다 실컷 울도록 두고 봐야 한다. 자기 스스로 가슴속에 쌓인 화를 풀어내는 과정이므로.

 가슴에 쌓아둔 화는 돌고 도는 돌림병을 만든다. 화란 물질을 분열시켜 확산시키는 에너지로 작용하니 처음에는 하나의 씨알처럼 작은 점으로 시작하지만 시간이 지나면서 줄기를 뻗어내고 무성한 가지와 잎을 만들어내면서 이윽고 열매를 만들어서 떨어뜨리게 된다. 그 나무 가까이에 있어 열매가 떨어진 자리에 있는 또 다른 곳에 돌림병처럼 화를 확산시키게 된다.

 화도 일종의 질병 현상으로 가족력의 범위에 들어가니 화병이 있는 사람의 가족들은 각자 마음 관리를 잘해서 피해를 입지 않도록 해야 한다.

 일어난 화를 참으면 화가 가슴이라는 주머니(심포心包: 마음의 주머니)에 응축되어 살상을 하는 핵폭탄이 된다. 작은 부딪힘에도 폭발이 되는 위험물이 되는 것이다.

 현대인들은 크고 작은 폭탄들을 가슴속에 한두 개 정도는 담고 살아가는 듯, 쳐다보면 마치 '건들면 뚜껑 열린다.'라고 얼굴에 써 놓고 다니는 것 같아 긴장감이 느껴질 정도다.

길거리에서 부딪치는 청소년들 얼굴을 쳐다보면 상당수가 살벌함을 느끼게 한다. 삶의 환경이 어렵다 보니 "참아야 하느니라, 참아야 하느니라, 그래야 이기는 것이야!" 하시던 어른들의 말씀을 받아들이기 힘든 지경까지 와 있다고 할 것이다.

불교에서는 화를 내면 그동안 쌓아온 일체의 공덕이 한순간에 사라진다고 절대 화를 내지 말라고 한다. 그러나 화를 참으며 가슴속에다 작게는 칼이나 총알을, 크게는 몽둥이나 핵폭탄을 만들어 저장하는 것이 되어 자기나 타인이나 위험천만한 상황을 만들어낼 수가 있다.

그리고 이는 돌림병이 되어 가까이 인연되는 가족이 그 피해자가 되기 쉽고, 밖으로는 인연되는 사람은 물론이거니와 아무 상관도 없는 사람에게도 무차별적인 피해를 끼칠 수가 있다. 그러므로 화를 참게 되면 화가 응축되었다가 폭발하는 날에는 살생하는 무기도 될 수가 있는 것이니 평소에 쌓인 화를 풀어내는 기도의 시간이 반드시 필요하다.

① 기도는 때 묻은 옷가지를 세탁기에 넣고 시커먼 때를 깨끗이 씻어내어 하얗게 되돌리는 과정과 같다. 가슴에 쌓여있는 화를 염불을 통해서 화산이 폭발하듯 밖으로 뿜어내고 나면 빈 가슴이 되어 평온하고 안정된 기분으로 다시 시작할 수 있는 여유가 생긴다.

이것은 마치 집안에 침입한 강도를 보고 "강도야! 사람 살려!" 소리치며 강도로 하여금 집 밖으로 뛰쳐나가게 하는 조치와 같다.

② 기도를 하게 되면 처음에는 하나의 작은 점이 생기게 된다. 계속 기

도를 이어가면 이제 점이 모여서 선이 되고 다시 선이 모여서 원이 된다.

원이 되는 경지에 오면 둥근 원처럼 회전을 시작한다. 마치 진공청소기가 바닥에 있는 먼지들을 빨아들이듯 강력한 에너지의 회전현상이 일어나면서 마음 구석구석에 묻은 먼지들을 빨아들이기 시작한다.

이생에 감정의 찌꺼기뿐 아니라 수많은 세상에서 쌓인 업장의 먼지까지 싹 쓸어낼 듯이 빨아들이게 된다. 이러한 신선한 체험 속에서 그는 삶을 새롭게 시작할 수 있는 마음의 여유와 힘을 갖는다.

③ 백지장도 마주 들면 가볍다 하듯이 자기의 문제를 혼자 풀어내려면 어려움도 있을 것이나 불보살님들이 함께 움직여주신다 하시니 다행이며 고마운 일이 아닐 수 없다. 반드시 불보살님들이 서원하신대로 고통을 해결하고자 우리 곁에 함께해 주신다.

이렇듯 기도를 통해서 자신의 가슴속에 쌓여있는 업 덩어리를 풀어내면서 현실적으로 관계 개선에 나서야 비로소 해결의 길이 열리게 된다. 즉, 내가 바뀌지 않고서는 자기를 고통스럽게 하는 외부의 자극이 정리되지 않는다는 뜻이다.

바지에 똥을 싸고 씻지 않고 다니면 똥 벌레나 파리가 들끓기 마련 아닌가? 똥을 싼 나를 탓해야지 똥을 쫓아서 나타난 벌레나 파리를 탓해서는 문제를 풀어낼 수가 없다.

꽃이 피어있으면 벌과 나비가 날아들고 똥통에는 구더기가 들끓기 마련이다. 내가 원치 않는 결과가 발생했어도 그 문제의 원인이 자기에게 있다는 것을 이해하고 운명의 프로그램을 수정하는 작업에 착수해야 한다. 그것이 바로 기도인 것이다. 상대를 살리기 위한 것이 아니라 내가 살기 위해서 기도하여 자신을 정화해야 한다.

"부처님! 죽을죄를 지었습니다. 살려 주십시오. 바른 길을 열어주십시오." 하면서 매달려야 한다.

## 하늘과 바다와 산

**문** 스님! 요즘은 나이가 들어가니 부쩍 건강관리에 신경을 많이 쓰게 되고 밖으로 나갈 기회가 많습니다. 그래서 바닷가를 구경하거나 등산하는 횟수도 부쩍 늘었습니다.

그런데 바다를 바라보면 왜 가슴이 뚫리고, 기분이 좋고, 산에 들어가면 마음이 포근한지 그게 궁금하네요.

**답** 그것은 하늘이나 바다는 높고, 깊고, 넓어서 어디에서 시작해서 어디에서 끝을 보는지 알 수 없기 때문입니다. 한 마디로 답을 '낼 수 없다'는 것이지요.

바로 '無: 없다'입니다. 그러므로 머리를 요리조리 굴려가며 판단을 할 필요가 없어서 자동으로 생각과 감정이 쉬어지고 위안과 치유가 생깁니다.

또한 하늘이나 바다는 '네 것, 내 것'이라는 소유개념이 없기 때문에 계산하면서 좀 더 가지려고 머리 쓸 필요가 없고 빼앗길 것이라고 경계할 필요도 없는 무소유한 공간입니다.

미국의 마이크로소프트사를 창업한 빌게이츠나 애플사 창업자 스티브 잡스 같은 사람들이 평생을 모아온 큰 재산을 사회를 위해서 내놓았다는 소식을 들었을 때 일반인들은 무슨 생각이 들까요?

바둥거리면서 모은 자기 재산이란 것은 그분들의 재산에 비하면 바닷가 모래알 같은 것 아니겠어요? 그러면서 그렇게 큰 재산도 사회에 내놓는 그분들의 통 큰 마음에 자신들의 마음이 초라해지지 않겠어요? 짧은 순간이나마 탐욕에 찌든 마음을 잠시 내려놓게 되는 것입니다.

마찬가지로 하늘과 바다와 마주하게 되면 이미 세상에 오픈된 통 큰 하늘과 바다의 마음 앞에 자기를 잠시나마 내려놓고 비우게 됩니다.

**문** 산은 왜 포근함이 들까요?

**답** 그것은 모성(어머니의 성질)을 닮아서 그런 것입니다. 지각변동에 의해서 평지가 솟아올라서 된 것이 산인데 그 모양새를 보면 마치 여자가 임신한 모습과 같습니다.

**문** 네, 그렇기도 하네요. 그래서 임산부의 배가 부풀어 오르면 "배가 남산만큼 불렀다."라고 표현하나 보네요.

**답** 그래서 산은 모성을 상징하기에 일체의 모든 것을 끌어모아 논 장소이기도 합니다. 우리가 입으로 음식물을 먹고 마시면 모이는 장소가 바로 아랫배입니다. 그 속에서 태아가 머무는 기간이 280여 일인데 그 기간 동안 태아는 먹고, 마시고, 놀고, 자는 걸 전혀 걱정하지 않아도 다 해결이 됩니다. 그러니 머리 굴릴 필요가 없으며 경계할 필요가 없이 휴식하며 성장만 있게 됩니다.

**문** 그래서 우리가 산에 가면 마치 태아가 산모의 자궁 속에 머문 듯 포근함이 느껴지나 봅니다. 세상사에 어려움을 겪고 중병이 드신 분들이나 노후를 편히 휴식하며 지내고 싶어 인생사 다 정리하고 새로운 세계를 향해 공부하시려는 분들이 산에 들어가거나 산동네에 정착생활을 하시는 것 같은데, 다 이유가 있었다는 생각이 듭니다.

**답** 그렇습니다. 산은 어머니의 자궁 같은 존재로 모든 걸 끌어안기는 해도 밀쳐 내지는 않습니다. 그래서 빈손으로 들어가도 의식주가 자체적으로 다 해결되게 되어 있습니다.

자신이 마음만 내면 쉽게 정신을 계발하고 마음의 정체를 알아차리게 되어 있습니다. 그래서 하늘이나 바다, 산을 바라보고, 걷고, 생각하는 것만으로도 휴식과 치유가 되고 위안과 용기와 희망의 에너지가 발동하는 것입니다.

지금 당장 눈을 감으시고 한없이 펼쳐진 하늘이나 바다나 산을 10초만 상상해 보세요. 세상살이 하면서 너무 힘들고, 외롭고, 아프고, 죽고 싶고, 배고프고, 목마르고, 춥고, 덥고, 보고프고 할 때는 내가 280일 동안 머물다 나온 어머니의 배를 상상해 보세요.

그리고서는 어머니를 세 번 '부르고' 가만히 '기다려' 보세요. 마음 속에 잔잔하게 포근한 파문이 일어납니다. 거친 세상살이에 지친 내 몸, 내 가슴, 내 머리를 쉬게 하고 치유해주는 에너지가 움직이게 됩니다. 그 에너지가 바로 대자대비하신 부처님이십니다.

**문** 불자들이 부처님을 찾는 데도 이와 같은 이치가 있을 것 같습니다.

**답** 네, 그렇습니다. 만약 부처님이 자기 생각이 있고 자기 기분을 드러 낸다면 불자들이 부처님 앞으로 다가가지 못합니다. 부처님은 자기 생각을 비워놓고 자기 기분을 내려놓은 분이라서 그 마음에 먼지 하나 머물지 않습니다. 머문다는 것 차제가 이미 집착심이 발동한 것이기 때문입니다.

부처님의 마음엔 어떠한 경우에도 먼지 하나 머물 수 없는 텅 빈 공(0)입니다. 그래서 중생들이 수많은 고민거리를 들고 다가와도 모두 사라지게 하는 것입니다. 마치 수학에서 '0'에다 어떠한 숫자를 곱해도 '0'이 되어 버리는 것처럼 말입니다.

# 돈도 마음이 있다

　돈을 노예처럼 함부로 다루면 그 돈이 당신을 노예로 만들 것입니다. 어쩌면 한평생 당신은 돈! 돈! 돈! 하면서 돈에 질질 끌려다니다 죽을지도 모릅니다. 그러나 돈을 귀인처럼 대우한다면 그 돈이 당신을 귀인으로 만들어주게 됩니다.

　술을 버릇없이 종 부리듯 대하면 그 술이 당신 몸 안에 들어가서 당신을 종처럼 마구 부리게 될 것입니다. 그러나 술을 귀인 대하듯 하면 그 술이 당신 몸 안에 들어가 감정을 충동하며 정신을 혼란스럽게 하지 않을 것입니다.

　당신이 꼭 돈을 벌고 싶다면 돈을 설득하고 감동 먹게 해보세요. 그럼 돈이 당신을 죽을 때까지 그림자처럼 따르며 충성할 것입니다. 당신이 돈을 벌어야 된다는 이유를 돈에게 설명해 보세요. 돈이 당신의 마음을 읽어봅니다. 견물생심이란 우리가 눈으로 보게 되는 것은 반드시 마음에서 일어난다는 것입니다.

우리가 잊고 있는 것은 자기만 상대를 바라보는 것이 아니라 자기가 바라보는 대상도 자기를 동시에 바라본다는 사실입니다. 설사 말 못하는 무정물이라고 여기는 것조차 그러합니다. 그래서 세상의 모든 것은 에너지가 작용하게 되어 있습니다. 그러므로 이름 없는 한 포기의 풀이나 말 못하는 돌멩이 하나라도 나를 모르겠지 하는 마음으로 가볍게 여기면 안 된다는 것을 알아야 합니다.

돈이 정녕 필요하다면 돈을 자기 앞에 가지런히 놓고 합장하며 돈을 향하여 자기의 진심을 얘기하도록 해보세요. 마치 부처님께 자기의 소원을 빌 듯 말입니다.

다음은 오래전에 있었던 이야기를 전해드리겠습니다.

서울에서 자영업을 하시던 처사님이 계셨는데 갑자기 기대 이상의 돈이 벌리게 되니 주체를 못하고 주색잡기에 세월 가는지 모르게 빠져들게 되었습니다. 가정에도 사업에도 소홀하게 되다보니 예전 같지 않게 일들이 꼬이기 시작하더니만 회사 상무가 공금을 가지고 사무실 아가씨와 야반도주를 했습니다. 그 일로 인하여 회사 운영이 어렵게 되더니 결국 문을 닫게 되었고 부인으로부터는 이혼을 당하게 되었습니다. 그래도 부처님과 인연의 끈이 있었던지 타락한 생활을 정리하고 다시 재기하겠다고 심기일전을 불태우고 있던 어느 날, 처사님과 차 한 잔을 나누게 되었습니다.

**문** 스님! 제가 한때 철이 없어서 흥청망청 살다보니 회사고 가정이고 다 공중분해되고 백수건달이 되다시피 했습니다. 사람에게는 세상을 살면서 세 번의 기회가 주어진다는데 다시 재기할 수 있는 기회가 있겠습니까?

**답** 재기해 뭘 하시게요?

**문** 돈을 벌고 싶습니다.

**답** 돈 벌어서 뭘 하시게요?

**문** 좋은 일에도 쓰고 일단 제가 사람 구실을 해야 하니 무조건 일어나야 합니다.

**답** 좋은 일에 쓴다는 것은 구실이고 사실은 예전의 영화를 잊을 수 없어서 다시 재기하려는 것 아닙니까?

**문** 사실 그렇습니다. 옛날 생각이 나면 지금 제 모습이 비참해서 죽고만 싶습니다. 도저히 견딜 수가 없어요. 그래서 반드시 재기하고 싶습니다.

**답** 돈을 노예처럼 함부로 대하다 망조가 드신 분인데 돈이 처사님의 재기를 이해하고 허락하겠습니까?

**문** 그 말씀이 무슨 뜻입니까?

**답** 돈은 죽은 시체처럼 아무런 마음이 없을까요?

**문** 돈……, 글쎄요.

**답** 돈도 다 마음이 있는 것입니다. 그러니 돈이 처사님이 재기하려고 하는 그 마음을 납득해야 돈이 처사님에게 몰려들지 않겠어요?

**문** 음……, 그럼 어찌 해야 합니까?
**답** 아직도 제 말뜻을 이해하지 못한 듯싶습니다. 돈이 처사님에게 충성할 수 있도록 돈의 마음을 얻어야 가능합니다. 사람의 마음을 얻으면 그 사람이 죽도록 충성하고 목숨까지 바쳐 헌신한다 하잖습니까?

**문** 어찌하면 돈의 마음을 얻을 수 있겠습니까?
**답** 사랑해 보셨습니까?

**문** 사랑이야 많이 해 봤습니다만…….
**답** 그리도 사랑을 많이 해봤다는데 처사님의 사랑을 받은 그 사람들 지금 어디 있습니까?

**문** …… 다들 떠나갔습니다.
**답** 그건 사랑이 아니었고 일종의 거래가 끝났으니 관계가 종료된 것이지요. 진정한 사랑이나 수행이나 돈은 원리가 같은 것입니다. 제가 시키는 대로 해보시겠습니까?

**문** 네, 스님! 시키는 대로 하겠습니다.
**답** 일단 돈의 마음을 얻어서 당신에게 올인하도록 만드세요.

**문** 돈의 마음을 얻는 구체적인 방법은 무엇입니까?
**답** 오늘부터 100일 동안 천 원이든 만 원이든 지갑에서 돈을 꺼내 구겨진 돈은 다림질하여 새 돈처럼 빳빳하게 펴서 앞에 놓고 부처님을 대하듯 합장하고서 삼배를 올리세요.

여러 생각 필요 없습니다. 부처님을 대하듯 정중하게 예를 갖춰서 절을 올리고 나서 그 돈을 불자독송집 책갈피 사이에 넣어 놓으세요. 그리고 백일 동안 매일매일 그렇게 하세요. 그리고 백일이 끝나면 인연된 절에 가서서 100일 동안 모은 돈을 법당에 시주 돈으로 올려놓고 부처님께 고하세요.

"지금껏 돈의 존재를 몰라서 함부로 대하였습니다. 그런 결과 나와 가정을 파탄시킨 악의 뿌리가 되어버렸습니다. 이제 부처님의 인도하심으로 돈의 존재를 새롭게 깨쳤습니다. 나와 가정과 세상을 살리는 선의 뿌리로 삼고자 하오니 제가 나아갈 길을 부처님께서 열어주소서!" 이렇게 세 번을 고합니다. 그렇게 하시겠습니까?

**문** 네, 그렇게 하겠습니다. 그렇게 하여 제 2의 삶을 새롭게 출발시켜 보렵니다. 세 번 말고 108번 절을 올리면 안 될까요?

**답** 당연히 그리 하시면 더욱 좋지요.

그리하여 그 처사님은 매일매일 돈을 가지고 정성껏 108배 정진을 한 공덕으로 하루하루 돈에 대한 마음가짐이 달라져갔다.

백일이 다 되어 갈 무렵에는 돈만 보면 세상적인 욕망이 일어나는 것이 아니라 마치 부처님을 대하듯 경건한 마음이 일어나고 다시 돈이 주어진다면 세상을 위해 유익한 일을 하겠다는 다짐을 하게 되었던 것이다.

그 후 처사님에게는 새로운 기회가 주어져서 옛 거래처 사장님들이 연락을 해오더니 함께 일해보자는 제의가 들어오게 되었고 재기의 기회를 잡게 되어 돈을 상당히 벌게 되었다.

'지성이면 감천'이라고 무엇이든지 정성스럽게 하늘을 대하듯 그 마음이 간절하면 반드시 하늘이 이에 응답한다는 것이다. 부모, 배우자, 자식, 선생님, 상사, 직원, 친구를 부처님 대하듯 생활하게 되면 그들이 부처님처럼 은혜를 베풀어주게 될 것이다.

# 업이란 무엇일까

**문** 스님! 업이란 무엇인가요?
**답** 지금 처사님이 저를 쳐다보는 것이 업이요, 제 말을 듣고 있는 것이 업이요, 저를 쳐다보고 제 말을 듣고 생각하는 것이 업입니다.

**문** 그러니깐 업이란 안이비설신의 眼耳鼻舌身意라는 감각기관을 통해서 경험하는 것이란 말이군요?
**답** 네, 그렇습니다. 눈, 귀, 코, 입, 몸, 의식을 통해서 경험하는 내용들이 그대로 업이 됩니다. 그리고 행동으로 옮겨짐으로 해서 더욱 업력이 확실해지고 강해집니다.

**문** 그러니깐 단지 마음으로 생각만 해도 업이 되는데 행동으로 옮겨지면 확실히 업이 결정된다는 것이군요.
**답** 네, 그렇습니다. 그리고 이내 다음 생각을 일으키게 하고 다음 행동을 행하게 하는 원인을 제공합니다.

**문** 예수님이 말씀하신 "마음으로 음욕을 품었으면 이미 간음했느니라!"가 그것이군요.

**답** 네, 그래서 말이 씨가 된다하여 '말씨'라고 하였습니다. 옛 사람은 "말이 아니면 하지를 말고 길이 아니면 가지를 말라"고 한 것도 모두 업이라는 씨를 결정하기 때문입니다.

**문** 안이비설신의라는 감각기관을 사용하더라도 자유로워지는 방법은 없습니까?

**답** 안이비설신의를 통해서 경험되는 과정을 하나하나 지켜보면서 나를 위한 것이 아닌 대중의 유익과 행복을 위해서 사용하시면 됩니다.

**문** 나를 위한 욕구충족으로 사용치 않고 대중을 위한 것이라면 대자대비한 정신을 갖고 육바라밀을 실천하는 것을 말씀하시는군요. 잘 알겠습니다.

# 땅도 마음이 있다

　이 사장님이라고 계시는데 현재 하고 있는 사업을 업그레이드시킬 수 있는 신기술을 보유한 박사님을 친구로부터 소개 받아서 만나보니 꼭 자기 사업에 필요한 분이라면서 자기와 손을 잡았으면 좋겠다고 하신다.

**답** 그럼 손잡으시고 함께 사업을 펼쳐보세요.

**문** 그런데 저랑 인연이 있겠습니까?
**답** 인연이야 필요하면 만들면 되지 않겠어요?

**문** 인연이 없다면 제가 노력한들 되겠습니까?
**답** 다겁생래로 지구상에 오가며 살아온 인생인데 어느 누구도 인연 없는 사람이 없습니다. 그러니 필요하면 추진해보세요.

**문** 그야 그렇겠지만, 무슨 좋은 수가 없을까요?

**답** 일단 박사님이 일본 땅을 무조건 밟게 해보세요.

**문** 하필 박사님이 그렇게 싫어하는 일본을…….
**답** 왜 그리 싫어합니까?

**문** 일본 말도 못 꺼내게 합니다. 아무튼 일본에 대한 인식이 몹시 안 좋아서 일본은 여행도 가지 않고 살았다고 하는데 그런 양반에게 일본 가자고 하면 사업 얘기가 더 어려워지지 않겠는지요?
**답** 그렇지 않습니다. 이분 마음 깊숙이 일본의 DNA가 뿌리내리고 있습니다.

**문** 일본과 전혀 상관없는 인생을 살아나온 분인데 그건 또 무슨 말씀입니까?
**답** 그렇지 않습니다. 분명 그분 마음 깊숙이에는 일본의 에너지가 흐르고 있습니다. 자기가 알아차리지 못할 뿐, 어떤 자극이 주어지면 그 에너지가 솟구쳐 올라옵니다.
일단 일본에 온천이나 다녀오자고 부담 없이 말을 건네 보세요. 그리고 그렇게 하겠다면 일본 황실의 위패가 모셔져 있는 신사 앞으로 안내해 보세요. 아주 자연스럽게요.

**문** 일본 황실 조상들이 모셔져 있는 곳에 모시고 가라니요?
**답** 네, 그렇게 해야 박사님의 일본에 대한 DNA가 쉽게 움직이게 됩니다.

**문** 음……

한 달이라는 시간이 흐른 뒤에 사장님에게 연락이 왔다. 박사님 내외 분과 함께 일본에 온천 여행을 가기로 했다고 하면서…….

그리고 사장님으로부터 여행 중에 연락이 왔다. 믿을 수 없는 광경을 목격했다는 이야기였는데, 일본 황실 조상들을 모셔놓은 신사 정문에 이르자 갑자기 박사님이 땅 바닥에 엎드려서 한참 동안 일어날 생각을 안 하시더라는 것이다.

또 자기가 이해할 수 없는 점은 일본에 대한 반감을 가지고 있던 분이 갑자기 친일본 사람이 되어버렸다는 것이다. 다행이 박사님과 사업 얘기도 순조롭게 되어 조만간에 발전적인 일들이 일어날 것 같다고 하신다.

**답** 네, 다행이십니다. 꼭, 사업성공을 기원하겠습니다. 그리고 박사님 기술을 확보하시면 연구소는 한국이 아닌 일본에 두시기 바랍니다. 그렇게 해야 새로운 기술개발을 계속해 나갈 수 있습니다.

이것은 마음에서 '잠자고 있는 업'이라는 부분을 자기가 머무는 땅 기운을 통해서 자극하여 현실적으로 활용해 내는 것을 말하며, 또한 똑같은 씨나 묘목이라도 어느 땅에 뿌리고 심느냐에 따라서 그 결실이 달라진다는 것을 말한다.

내가 밟고 사는 집터, 사무실 터, 사업장 터나 나아가서는 지역이나 국가의 땅도 각각의 마음이 있어서 그 터 위에 사는 사람이 주인인지 종인지를 구별하여 종은 종으로, 주인은 주인으로 대하게 된다.

# 천우신조

경전반에서 공부하는 어느 보살님께서 말씀하시는데 어젯밤에 자기 동네에서 고등학생 남녀 네 명이 아버지 자동차를 몰래 끌고 나와서 음주운전을 하다가 그만 사고를 냈다는 것이다.

한 명은 자동차 뒤 칸 유리를 뚫고 튕겨나가서 즉사하고, 앞좌석의 두 명은 숨은 쉬고 있는데 살아날 가망이 없고, 한 명은 차가 출발하자마자 모친의 비명에 가까운 야단소리에 차를 세우고 내렸다가 사고를 피했다고 한다. 그러면서 살아난 학생은 용케 운이 따랐나보다고 하신다.

그렇다. 그건 분명히 운이 따른 것이다.

사람이 사회적인 선행, 즉 헐벗고 굶주리고 병들고 생사의 고통을 당하는 사람들을 챙겨주는 복을 지었던가 아니면 불보살님 전에 염불공덕이나 고통 받는 중생들을 구원하기 위해서 자기가 먼저 그 고통의 원인을 제거하기 위해 수행 정진하는 공덕이 있으면 발생하는 천우신조天佑神助의 보답을 말한다. 천우신조라는 것은 하늘이 돕고 천신이 돕는다는 뜻이다.

**문** 스님! 이 살아난 학생은 운이 있는 겁니까?

**답** 네, 운이 있었죠. 어떤 운이냐 하면은 하늘이 돕고 천신이 돕는 그런 덕입니다. 모든 불보살님은 중생의 험난함과 고통으로부터 구원해주려는 원을 세우셨습니다. 그래서 자기의 이름을 부르는 자는 도와주게 되어 있습니다.

**문** 그럼 이 어린 학생이 그런 복을 언젠가 지었다는 것이군요?

**답** 네, 그렇습니다. 전생에 지어서 그 좋은 기운을 운명에 가지고 나온 것입니다. 또한 그 어머니가 중간에 들어서 자식을 살리는 역할을 했으니 그 어머니의 공덕도 작용한 것으로 봐야지요.

**문** 그렇군요. 저도 타고난 운명에 그런 좋은 성분이 있었으면 좋겠습니다.

**답** 평소에 보살님은 열심히 염불기도를 하고 또 매주 화요일마다 어르신들 목욕시켜주는 봉사도 하시는 걸 보면 분명히 그런 좋은 성분과 연결되어 있을 것입니다.

**문** 앞서 천우신조란 하늘이 돕고 천신이 돕는 것이라고 해석해 주셨는데 하늘이 돕는 것은 무엇인가요?

**답** 하늘은 반드시 사람을 통해서 자신의 뜻을 나타냅니다. 그래서 하늘이 사람을 도울 때는 사람을 통해서 돕습니다. 이때 등장하는 사람들을 우리는 귀인이라고 합니다. 자신의 원하는 바를 성취케 하는 사람이지요.

**문** 그런 사람들은 우리 주변에 평소에 있는 사람들이겠네요?

**답** 네, 그렇습니다. 자기와 가까이 인연되어 있는 분들이거나 아니면 낙하산처럼 갑자기 위에서 작용하는 경우도 있습니다.

**문** 그럼 살아난 학생의 경우는 어떤 공덕으로 나타난 것인가요?

**답** 이 학생은 홍란성이라고 사건사고를 당하더라도 피를 보지 않는다는 길성작용이 일어난 것입니다. 위험에 처해서도 구제, 구출 받을 수 있는 성분입니다. 이 성분이 작용하여 선한 신의 작용이 있었고 그 어머니가 귀인으로 중간에서 역할을 함께 수행하게 된 것입니다.

**문** 말씀을 듣고 보니 크고 작은 움직임에도 다 자기가 생각하고 마음 쓰고 행동한 것에 대한 보답이 따르는 것이군요. 열심히 사회적인 선행도 하고 염불기도도 드리고 내려놓는 수행도 해나가도록 하겠습니다.

## 복력이 약하다

 양산 통도사 적멸보궁을 참배하고 천 명의 깨달은 도인이 나온다는 전설을 지닌 원효암에 들렀다. 주지 스님께 차 한 잔을 얻어 마시는데 차를 공짜로 마셨으니 공짜로 한 마디 해달라고 하신다.
 그러면서 법당 참배를 마친 세 분의 보살님을 들어오게 하신다. 그 중에 한 분의 자제분이 고시생인데 꼭 합격이 되어야 한다면서 한 마디만 해 달라고 하신다. 요놈의 딱 '한 마디'가 문제다.

**문** 스님! 하나 뿐인 귀한 아들인데 전 이 놈에 의지해서 살고 있습니다. 이 놈이 제 모두나 같은데 행정고시 합격할 수 있겠습니까?
**답** 행정고시 합격은 어렵겠습니다.

**문** 몇 군데 물어봐도 시험 운이 좋아서 된다고 하던데 스님만 안 된다고 하시네요.

보살님 얼굴이 갑자기 굳어지더니만 날 금방이라도 한 대 때릴 것처럼 화난 표정이시다. 요놈의 딱 '한 마디'가 문제가 되는 순간이다.

**답** 아드님은 고급 공무원 될 복력이 없으니 안 됩니다. 그러니 공연히 고생하며 힘 빼지 마시라는 것입니다.

보살님의 얼굴이 더욱 사나워지면서 당장이라도 내 얼굴을 집어 뜯을 표정으로 쏘아 보신다. 에그, 오늘 일진이 안 좋더니 요놈의 딱 '한 마디' 때문에 욕먹게 생겼네, 그려!

**문** 아니 남들 들어가기 어려운 유명대학을 우수한 성적으로 졸업한 우리 아들이 안 된다니요. 그럼 제가 되게 해야죠.
**답** 어떻게 되게 하신다는 겁니까?

**문** 제 목숨과 바꿔야죠.

아이구! 갑자기 분위기가 냉랭하게 되어버렸다. 이렇게 해서 차 마시는 분위기는 깨어져 버렸고 그만 자리에서 일어나 암자를 내려왔는데…….

그 뒤에 원효암을 몇 번이고 들를 기회가 있었는데 죽을 각오를 하신 듯 무서울 정도로 기도하는 보살님 모습을 볼 수 있었다. 정말 자기 목숨과 자식의 합격을 바꿀 정도로 열심히 하시는 것 같았다.

그러나 기도의 공력으로 이미 합격할 복력을 타고난 다른 학생을 제치고 아들을 합격시킬 수는 없는 것이다. 전생부터 단단하게 다져서 타고난 다른 학생의 복력을 이길 힘은 한 생의 노력 가지고는 안 된다는 것이다.

육바라밀 중에 첫 번째가 보시의 생활이다. 평소 보시하는 생활을 열심히 해나온 사람은 다음 생에 큰 복력을 가지고 태어난다. 무슨 일을 하고 살던지 다른 사람보다 수월하게 결과를 만들어낸다. 전생에 이미 씨를 충분히 뿌리고 왔기에 이생에서는 수월하게 열매를 거둬들일 수 있다.

두 번째가 지계의 생활이다. 지계의 생활을 열심히 한 사람은 많은 사람에게 신뢰를 얻고 좋은 사람이라는 호감을 받는다. 합리적인 사고방식에 개인의 편리보다는 대중의 유익을 위해서 처신하니 밖에 나가면 많은 사람이 따르게 된다.

여자인 경우에는 환한 얼굴과 아름답고 단정한 몸매를 가지고 태어나서 뭇 남성들의 관심을 받게 된다. 자신이 가만히 있어도 향기 찾아 날아드는 벌과 나비처럼 많은 사람의 사랑을 받게 된다.

사실 알고 보면 육바라밀 하나하나가 우리의 삶을 실속 있고 풍요롭게 만들어주는 가르침이기도 하다.

세월이 10년도 훨씬 지나서 그 보살님을 아시는 분을 만날 수 있었다. 궁금하여 근황을 여쭤보니 그 뒤에 몇 년 동안 시험을 봤으나 1차 합격은 몇 번 했는데 2차에서 떨어져서 결국 포기하고 지금은 인천에서 입시학원을 차려서 하고 있다고 한다.

이번 생에 많은 학생들을 자신들이 원하는 대학에 진학할 수 있게 지도하는 생활을 복 짓는다는 마음으로 열심히 한다면 다음 생에는 고시합격을 할 수 있는 복력을 타고날 수도 있을 것이다.

우리 모두 자기가 현재 머물고 있는 장소를 복 밭이라고 생각하고 하는 일을 복을 놓고 거둬들이는 것으로 여기며 복을 잘 관리해야 할 것이다.

# 절의 자연철학적 의미

수년간 절에 대하여 연구를 해보니 심오한 자연의 변화 원리가 내포되어 있으며 몸을 통하여 의식을 깨어있게 하는 수행법임을 알게 되었다. 어느 보살님께서 절에 대하여 물어오셨다.

**문** 스님! 요즘은 나이도 있고 해서 몸이 옛날같이 앉아 절을 하지 못하고 그냥 염불만 하고 지냅니다. 절을 꼭 해야 하나요?

**답** 절은 참회와 발원과 감사의 정신을 담고 있으며 균형 잡힌 몸을 만들어주고 안정된 심리와 깨어있는 의식을 갖게 해줍니다. 그래서 절은 할 수만 있다면 좋습니다. 그러나 보살님처럼 몸이 불편하신 분은 억지로 하시면 도리어 몸의 균형이 망가지니 하시면 안 됩니다. 지금처럼 염불이나 열심히 하십시오.

**문** 네, 절에 가서도 부처님께 절 인사도 제대로 못 드려서 죄송한 마음이 들 때가 많습니다. 스님 말씀대로 염불을 열심히 하도록 하겠습니다. 그런데 절은 무엇에 근거하여 만들어진 것인가요?

**답** 절은 자연의 변화 원리에 근거해서 만들어진 것입니다. 즉, 우주는 성주괴공(만들어진 사물은 변화하면서 형태가 해체되어 결국은 텅 빈 허공으로 돌아간다.) 하고 지구는 춘하추동하며 이러한 변화원리에 따라서 인생은 생로병사(태어나면 늙어지고 결국은 병들어 죽는다.) 하고, 하루는 아침, 낮, 저녁, 밤으로 돌아가며 인간의 심리도 희로애락으로 변화하여 가게 됩니다. 이 모두는 자연 변화의 시스템이 그러하기 때문에 벌어지는 현상입니다.

**문** 자연의 4단계 변화를 몸을 통해서 표현해 내는 것이 절이라는 것이군요. 이것은 동양철학의 사상논리와도 궤를 같이 합니까?

**답** 그렇습니다. '태극이 양의를 낳고 양의는 사상을 낳는다.'는 역의 발전과정을 그대로 표현해내는 것이기도 합니다. 그러기 때문에 절은 단순한 운동이 아니라 우주변화가 인간의 몸을 통해서 표현되어 나온다는 깊은 의미를 담고 있습니다.

**문** 일종의 몸과 맘을 깨어있게 하는 건강법이자 수행법이라고 할 수가 있겠군요. 그럼 기본동작을 가지고 세세한 의미를 설명해주시지요.

**답** 네, 원래 움직임의 출발점은 어두운 무명인 암흑 위에서 출발합니다. 일 년으로는 가장 밤이 길고 봄이 시작된다는 시점인 동지가 되며 하루로 보면 가장 밤이 깊으면서 하루를 시작한다는 자시(밤 12시경)가 됩니다.

인간의 탄생으로 보면 모태 속에서 자라는 기간이 되겠습니다. 이러한 시점은 움직임이 거의 없어 죽은 듯이 적막이 흐르게 되니 절에서는 엎드려 있는 동작이 이에 해당합니다.

**문** 그래서 산하대지가 적막 속에 들어 있고 만물이 추위에 죽은 듯이 엎드려있는 형상이 되어 절에서도 엎드려있는 동작이 되는군요. 그럼 봄의 형상은 무엇인지요?

**답** 봄은 일 년으로 보면 엄동설한이 따뜻한 봄기운에 풀리면서 동면하던 개구리가 잠에서 깨어 뛰쳐나오고 만물은 물이 오르고 새싹이 터져 나옵니다.

하루로는 동터오는 새벽 기운을 받아서 만물이 잠에서 깨어나 하루를 시작하려고 움직이는 시간이 됩니다. 절에서는 엎드려 있다가 몸을 일으켜서 무릎을 꿇고 일어날 차비를 하는 형상을 갖게 됩니다.

**문** 산사에서는 동터오는 새벽녘이 되면 도량석을 치면서 만물을 깨우고 하루의 시작을 부처님 전에 인사하는 예불로 시작하는데 바로 이러한 형상을 취했다고 보면 되겠군요. 하루의 시작점에 서서 출발을 준비하는 모습이 상상이 됩니다. 그럼 여름의 형상은 무엇인가요?

**답** 네, 비유를 잘 드셨습니다. 봄의 기운이 더욱 발전하면 양기가 충만한 여름으로 옮겨갑니다. 양기가 수직으로 뻗어 올라가는 형상을 취하여 무릎 꿇고 앉았다가 수직으로 몸을 일으키는 형상이 그것입니다.

**문** 동터오는 새벽이 지나면 태양이 정오를 향하여 뻗어 올라가는데 여름의 형상이 몸을 곧장 일으켜 세우는 것이군요. 그렇다면 인생의 생로병사 과정에서는 청장년기로서 성장에너지가 최고조에 달하는 시기라고 할 수 있겠군요.

하기야 이 시기에는 에너지가 마치 샘솟듯이 자제가 안 될 정도로 폭발하는 시기이지요. 무릎 꿇고 앉았다가 마치 전봇대를 단숨에 뽑아 올리듯 상승하는 기운이 넘치는 시기이기도 합니다. 그럼 가을의 형상은 무엇인가요?

**답** 오르막이 있으면 내리막이 있듯이 하늘 높이 뻗어 오르던 에너지도 어느 순간이 되면 더 이상 오르지 않고 아래로 내려가게 되어 있습니다. 이는 만물의 외형적 성장을 멈추게 하고 에너지가 내면으로 모이도록 하여 가을의 결실을 촉구하게 됩니다.

마치 밥솥에 밥을 센 불에 하다가 약한 불로 뜸을 들이듯이 말입니다. 이러한 형상을 취하여 바로 서서 있던 자세에서 다시 무릎을 꿇고 몸을 수직으로 내려 전봇대를 바닥에 꽂듯이 주저앉히는 것입니다.

**문** 하늘 높이 뻗어 오르던 에너지 작용으로 만물이 성장한 것을 결실하기 위해서 에너지 작용방향을 반대로 돌린다는 말씀이군요. 일종의 극즉반極即返의 원리이군요. 자연을 관찰해보면 무엇이든지 끝에 가서는 흐름이 반대로 진행된다는 것을 알 수 있었습니다.

나무를 보더라도 봄여름에 성장세를 타고 하늘 높이 뻗어 오르다 가을 결실기가 가까워 오면 가지의 성장이 둔화되는데 이는 결실을 촉진시키는 작용이라고 볼 수 있겠군요.

생로병사의 과정에서는 늙어 병들어 죽음을 준비하는 시점으로 보입니다. 그럼 겨울로 돌아가게 되는군요.

**답** 네, 겨울로 돌아가게 됩니다. 일 년의 농사를 마치고 봄을 기다리며 휴식하는 시간입니다. 하루로 보면 일과를 마치고 집에 돌아와 자리에 누워 하루의 피로를 풀어내며 휴식에 들어가는 시간입니다.

**문** 생로병사의 과정에서는 죽음에 들어가는 시간이군요. 하루를 잘못 산 사람은 자면서도 마치 옥황상제 앞에 끌려 나간 죄인처럼 악몽에 시달리며 괴로워해야 하고, 하루를 잘 산 사람은 깊은 단잠에 취해서 편안한 시간을 보내게 되겠군요.

**답** 이처럼 절이란 생명활동의 네 과정을 함축하고 있기 때문에 절을 통하여 인생의 철을 알게 하고 철에 맞는 생각과 처신을 하게 하는 아주 자연이치에 합당한 삶을 살게끔 유도해주는 무위이화無爲而化의 교육법이 바로 이것입니다.

절을 꾸준히 하면 몸을 균형 있게 다듬어 줄뿐 아니라 마음이 깨어나면서 자연이치에 합당한 삶을 살도록 만들어줍니다.

## 스스로 죽음을 준비하자

알고 지내는 보살님에게서 전화가 왔다. 집 앞에 있는 가게에 간다고 나간 사람이 3일째 돌아오지 않고 있다는 것이다. 죽었는지 살았는지 알 수 있겠는지 묻는다.

**답** 누구신데 그러십니까?

**문** 스님! 죄송한데 묻지 마시고 좀 알 수 있을까요?
**답** 한자로 '喪' 자가 보이니 돌아가신 듯싶습니다.

**문** 그럼 가족들에게 알려야 되지 않겠어요?
**답** 좋은 얘기도 아닌데 때 되면 알게끔 놔두시지 그래요. 미리 고통을 드릴 필요는 없으니 말입니다.

**문** 그럼 자식이라도 알게 해서 마음의 준비는 하게 해야겠네요.

**답** 누구신데요?

**문** 저희 고모부입니다.

그런 후 며칠이 지나서 경북 고령 저수지에서 변사체로 발견되어 49재는 큰절에 올렸다고 한다.

**답** 보살님! 49재는 어디에 올렸습니까?

**문** 네, 고모부가 예전에 가까이 알고 지내던 큰 스님이 계신 큰 절에 모셨습니다.
**답** 큰 절은 규모가 있어서 비용이 많이 들 텐데 살아 계신 고모님이라도 여생을 편히 지내려면 이제 돈을 아껴서 쓰셔야죠. 옛날처럼 쓰시면 노후가 힘들어지십니다.

**문** 사실 저도 그걸 걱정하고 있습니다. 큰 절에 49재 비용으로 7천만 원, 강원 스님들 100분 모시고 금강경 한 편을 읽어드릴 비용으로 3천만 원해서 1억 원에 올리셨답니다.
**답** 돌아가신 고모부는 생전에 염불기도를 열심히 하신 분이고 절 불사에도 많은 기여를 했고, 자기 스스로 선업을 쌓아 죽음을 예비하셨으니 49재 중 3번 정도만 해도 영가 스스로 자신이 살다 가신 이 세상은,
무상하고
괴롭게

내 것이라고

주장할 것이 하나도 없다는 사실을

명명백백하게 알아차려

미련 없이 극락세계로 발걸음을 옮겨 가십니다.

며칠이 지난 후에 조카 보살님이 찾아오셨다.

**문** 스님! 49재 두 번째가 끝나고 세 번째가 며칠 후에 있는데 이상한 일이 생겼어요.

**답** 무슨 일이라도?

**문** 큰 절 큰 스님께서 49재 할 필요 없다고 2재로 족하니 3재부터는 안 해도 된다면서 49재비용을 찾아줄 것이니 살림에 보태 쓰라고 했답니다. 그런데 고모님이 그렇게 할 수 없다고 그냥 정해진 기간 동안 계획대로 하시기로 했답니다.

생사문제는

자기 스스로 준비하고 살아야 합니다.

평소 마음공부 열심히 하고

복 짓는 선업을 많이 쌓고

죽으면

숨 떨어지자마자

평소 쌓아놓은

공부의 에너지와 선업의 힘이 발동하여

자기 앞길을 밝게 비추며 인도하게 됩니다.
불자들도
나이 들어가면서 남아도는 시간들
염불 열심히 외우시고
복 짓는 일 하나라도 더 실천하시며
내려놓는 마음공부 한 번이라도 더 하셔서
자기 갈 길 스스로 예비하시길 바랍니다.

# 어지간하면 그냥 사세요

**문** 스님 저는 이제 도저히 저희 애 아빠랑 살 수 없다는 결론에 이르렀습니다. 그래서 이혼하려고 합니다.
**답** 어지간하면 그냥 사시지 그러세요.

**문** 저도 가능하면 살지요. 그런데 참는 한계를 넘어섰어요.
**답** 그럼 헤어지세요.

**문** 그렇지요? 제 결정이 잘된 것 같지요? 이혼 후 잘살 수 있을까요?
**답** 지금보다 못한 인생길을 걸어갈 것이니 걱정입니다.

**문** 제 팔자가 그리도 고약한가요?
**답** 그러니 호적만 더럽히지 말고 그대로 살면서 참으며 사는 것에 대한 보상차원에서 뭔가 열중하거나 좋아하는 것을 찾아서 해보세요. 그럼 플러스, 마이너스, 제로가 되어 손해날 인생은 아니라고 생각

됩니다. 그리 해보시겠어요?

**문** 이혼 후에 지금보다 못한 인생길이 기다리고 있다니 참 어이상실입니다. 이보다 더 막막한 일이 어디 있겠습니까?

**답** 아마도 전생에 남편 분에게 진 빚을 더 갚아야 할 것이 있는 듯싶습니다. 부처님께 하소연하시면서 염불기도로 화도 풀고 업장도 풀어내면서 새로운 인생길을 열어가 보세요.
무한한 복과 덕과 지혜를 겸비하신 부처님을 의지하며 그분과 동행하는 삶을 산다는 것은 위안이 되고 힘이 되는 일 아니겠습니까. 이렇게 힘든 일 있으시면 언제든지 부처님께 하소연하시며 풀어내시기 바랍니다.

**문** 네, 알겠습니다. 스님 말씀 듣고 보니 굳어진 마음이 풀어지면서 다시 생각해볼 여지가 있는 듯합니다. 신중하게 생각해 보겠습니다.

궁합이란 '집 궁宮 + 모일 합合'으로 둘이 함께하며 하나가 된다는 뜻이다. 남녀의 육체적인 교합과 가정생활에서 서로 생각의 차이가 있음에도 불구하고 이해하고 화합해 나갈 수 있는 부분, 그리고 사회활동에서의 내조나 외조 여부를 살펴보면서 타고난 업의 출현을 억제하거나 악화시킬 수 있는 등의 여부를 살펴보는 것이 바로 궁합이다.
한 마디로 몸의 생리, 마음의 심리, 생각의 논리가 서로 만났을 때 공통분모로써의 수가 얼마나 되는지를 따져보는 것이다. 인간은 만남 속에서 희로애락이 펼쳐지는데 궁합이란 그 내용을 말하는 것이다. 인연은 크게 세 가지로 나눠지는데,

① 둘 다 전생의 빚을 갚으러온, 꽃밭에서 만난 은혜로운 사이
② 둘 다 전생의 빚을 받으러온, 외나무다리 위에서 만난 살벌한 사이
③ 한 사람은 빚을 받으러 오고 한 사람은 빚을 갚으러 온, 고약한 마님과 불쌍한 머슴 사이

①, ②번은 빚을 지거나 받는 사이라는 점에서 같은 입장인데 서로 바라보는 관점이 이타적이냐 아니면 이기적이냐에 따라서 상황을 이해하고 대응해 나가는 태도가 달라진다.

③번은 자기 하고 싶은 대로 하면서 상대에게는 무조건 참고 견디라고 일방적으로 강요하는 경우이다.

이를 전생록에서 보면 날이면 날마다 당하고만 사는 사람은 전생의 짐을 해결하는 과정이요, 날이면 날마다 호의호식하고 사는 사람은 전생에 베푼 은혜를 되돌려 받는 과정이다.

인간은 누구나 지금보다 나은 미래를 만들기 위해서는 참회의 기도와 함께 괴로움을 내려놓는 마음수행을 하면서 현실적으로는 복을 많이 지어야 한다. 세상이란 뿌린 대로 거두는 자업자득의 인생사이기 때문이다. 일단 주어진 인연 속에서 복 씨를 뿌리며 자기 관리를 충실히 해나가다 보면 미래가 열린다.

## 인연을 알면 세상이 보이기 시작한다

　오래전 포항에 머무를 때 알게 된 보살님이 계셨는데 하루는 전화가 와서 거래처 젊은 사장님이신데 요즘 너무 힘들어 하신다면서 옆에서 지켜보기가 참으로 딱하다고 하신다. 스님께서 부처님 말씀으로 마음을 붙잡아 주실 수 있지 않을까 하여 데려오고 싶다면서 차 한 잔만 주실 수 있느냐 하신다. 그렇게 해서 차 한 잔 할 자리가 마련되었다.

**문** …… (한참 동안 아무 말이 없으시다.)
**답** 편히 앉으세요. 그동안 맘고생이 많으셨나 봅니다. 안색이 너무 어둡습니다. 마음 편히 차나 한 잔 하세요.

**문** …… (갑자기 어깨를 들썩거리며 눈물을……)
**답** 아이구, 처사님! 지금 눈물바다 만들어 누굴 흘려보낼 일이라도 있어요?

이제 통곡하듯이 울어대는데 참으로 난감한 분위기가 연출되고 있었다. 오늘 얘기할 주인공에 대한 대충의 얘길 듣고 인연의 이치를 점검해 들어가게 되었다.

자초지종인즉, 노총각으로 지내다 늦게 맘에 맞는 아가씨를 만나서 결혼 약속까지 하고 서로 깊은 정을 나누는 사이로 발전했는데 그만 사고가 생겼으니……

**답** 아가씨 거주지가 어디입니까?

**문** 포항 ○○입니다.
**답** 포항 ○○에 거주하기 전에는 어디에 거주하였습니까?

**문** 부산 사상에 있었습니다.
**답** 사상에 있던 사람이 더 험난한 곳으로 오게 되었군요. 본인이 원했나요?

**문** 본인은 부산 사상에 있겠다는 것을 제가 가까이 오게 했습니다.
**답** 이 아가씨는 지수화풍 사대 중에 화의 기운을 사용함으로 수의 기운이 강한 지역에 가면 목숨이 위태해질 수 있습니다. 사상이란 '모래 사沙, 위 상上' 자로 모래밭 위라는 뜻입니다. 그러나 포항은 '포구 포浦 목 항項' 자로 바닷가 중에서도 큰물이 있는 곳을 의미합니다. 그러니까 부산 사상 '모래밭'에서 포항 '바닷물'로 나온 경우가 되어 거주지 인연이 고약해진 것입니다.

**문** 본인은 오고 싶지 않다는 것을 결혼 전이라도 제가 가까이 두고 보고 싶어서 그리 했던 것인데…… (계속 울고만 계신다.)
**답** 사고가 난 장소는 어디입니까?

**문** 네, 일요일 날 바다낚시를 가서 바닷물에 휩쓸려서 그만…….
**답** 산으로 등산이나 갈 것이지 왜 바닷가로 데려갔나요? 쯧쯧…….

**문** 그날도 집에서 그냥 쉬겠다고 저 혼자 다녀오라는 것을 억지로 데려갔는데 그리 되었습니다.
**답** 그래 바닷가로 낚시를 갈 때 일기예보는 참고하셨나요?

**문** 날이 흐려서 주저하다가 일기예보를 보니 서서히 날이 좋아진다고 해서 갔습니다. 막상 가보니 파도가 좀 있었지만 날이 좋아지는 듯해서 좀 더 기다려보자 하고 낚싯대를 내리고 있었는데, 갑자기 소변이 마려워서 자리를 좀 지키고 있으라 했지요. 소변을 보고 돌아오는데 갑자기 큰 파도가 덮쳐서 바닷물에 휩쓸려 간 것입니다. 파도에 휩쓸려가면서 날 쳐다보며 살려달라고 소리를 지르다 순식간에 사라져 버렸습니다.
**답** …… 나무아미타불!

인생이란, 전생의 업이란 숙제를 짊어지고 태어나서 자기의 노력으로 숙제를 풀어가면서 새로운 미래를 만들어가는 숙운명의 삶을 산다. 그러므로 인과의 원리란 현재 일어나고 있는 모습이 전생의 모습이요, 현재 일어나고 있는 일을 어떤 마음으로 처리해 가느냐가 다음 생의 모습으로 연결된다는 가르침이다.

 인과란,
 맨 처음 하늘의 기운(생명의 씨)을 받아서 태어날 때의 조건이 같다 하더라도
 어느 땅 위에서 태어났고
 어느 집안에서 태어났고
 어느 부모님의 뼈와 피를 받아 태어났고
 어느 배우자와 만나서 살고
 현재 어느 땅 위에 보금자리를 틀고 살고
 현재 선행 생활과 기도나 염불 등 수행 생활을 하고 있는가의 조건 등등에 의하여
 성공과 실패
 행복과 불행
 살고 죽고의 문제에 차등이 발생한다.

 똑같은 업이 발동하더라도 위와 같은 조건에 따라서 가벼이 극복하고 넘길 수도 있고, 아니면 더욱 곤란한 상황에 처하기도 한다.
 전생 업이 현실적으로 어떤 구체적 모습을 드러내고 있는지 연구하면 할수록 인과의 냉엄한 현실에 두 손 모으지 않을 수 없다.

 사람은 자기의 생각이나 마음을 내려놓고 자기식대로만 고집하지 말고 상대의 기분이나 생각도 살펴가면서 맞춰 살아갈 줄도 알아야 한다.
 자기 생각을 비워내는 연습(수행)을 꾸준히 하게 되면 일어나는 마음,

생각하는 마음 이전에 참 나에서 비추이는 지혜의 빛이 자신이 위험에 처하게 될 때 순간적인 판단에 힘을 실어주어 어둔 쪽에서 밝은 쪽으로 움직이도록 유도하는 것이다.

그래서 평소에 꾸준히 기도하고 염불하며 공력을 키워가게 되면 위급한 상황이 목전에 일어나는 순간 '구제구난' 하는 힘이 자기를 보호하고 위급상황에서 벗어나게 하는 것이다. 이것이 평소 불보살님 명호나 진언을 열심히 부르면 큰 공덕을 받게 된다는 의미의 정체이다.

# 인드라망
(자연의 시스템은 정보통신망이다)

**문** 스님! 우리 딸이 죽었는지 살았는지 소식이라도 알고 싶습니다. 집을 나가서 소식이 끊긴지가 반년이 지나가고 있습니다.
**답** 꼭, 알고 싶습니까? 그러시다면 기도를 하세요.

**문** 네, 그런데 불공드릴 돈은 없습니다.
**답** 사과 한 개, 배 한 개, 감 한 개, 쌀 한 홉은 부처님 전에 올리고 기도하실 수 있겠죠? 제가 옆에서 기도해 드리겠습니다.

**문** 네, 그거야 할 수 있죠, 그런데 쌀 한 홉을 어찌 올리겠습니까? 반 되 올리도록 하겠습니다.
**답** 마음이 그러시면 그렇게 하세요. 기도를 올리시면 따님이 죽었다면 선몽이, 살아 있다면 소식이 있을 것입니다. 그러나 아무런 반응이 없으시다면 기도의 공력이 부족하다는 의미이니 계속 기도를 하셔야 합니다.

**문** 기도하면 확실히 알아차리게끔 어떤 반응이 있다는 것인가요?
**답** 네, 그렇습니다. 기도나 천도재는 대상을 두고 하는 것이니 반드시 응답이 일어납니다.

**문** 천도재의 반응이란 무엇인가요?
**답** 영가가 "나는 이제 간다."라는 인사를 가족에게 하고 갑니다. 아무런 반응이 없으면 정리가 덜 된 것이니 더 정성을 들여야 합니다.

그리하여 부처님 전에 예정된 날짜와 시간에 기도를 올리고 돌아가게 되었다. 그 다음 날 전화벨이 울린다.

**문** 스님! 저희 딸이 살아 있어요.
**답** 다행입니다. 그런데 어찌 그리 속을 태웠답니까?

**문** 한 동네에 살던 남자와 사귀었는데 제가 반대할까봐 동두천에 가서 동거하고 지내고 있답니다. 그러면서 하는 말이 "엄마! 절에 가서 공 드렸어요? 이리이리 생긴 스님이 목탁을 두드리면서 내 이름을 부르며 '빨리 돌아오너라!' 하고 계시던데…… 집에 무슨 일 있어요?" 하더라는 것이다. 그런데 어찌 이런 일이 일어나는가요?
**답** 이 우주는 '인드라' 그물망이 정보통신망처럼 쳐져 있어서 우주 간에 일어나는 크고 작은 움직임이 하나도 빠짐없이 정보로 흘러 다니고 있습니다. 눈 한 번 뜨고 감고 숨 한 번 들이쉬고 내쉬고 하는 것까지 다 기록되어 있습니다.

**문** 그렇군요. 마음공부가 되어 갈수록 양심적인 사람이 될 수밖에 없겠습니다. 한 생각, 한 생각이 행복과 불행을 좌우하는 씨가 되니 맘을 잘 사용해야겠습니다.

**답** 마음을 잘 사용하셔서 행복한 인생길을 걸어가시기 바랍니다. 그리고 복 많이 지으시고 살다 가세요. 숨 떨어져 죽으면 곧바로 다음 생으로 이어집니다. 복은 복대로 화는 화대로 가지고 옵니다. 그래서 IQ를 120까지 계발하고 죽으면 다음 생에는 IQ가 121부터 시작합니다.

예를 들어서 음악이나 수학 쪽으로 재능을 계발하게 되면 다음 생에는 그 분야에 탁월한 능력을 가지고 태어납니다. 그러므로 우리가 세상을 살아가면서 이웃돕기니 선행이니 하는 것도 알고 보면 자기가 잘 되려고 미래나 다음 생에 받을 복을 미리 씨로 뿌리는 작업이니 자기의 도움을 받는 분들에게 자기가 도리어 감사의 인사를 올려야 하는 것입니다.

**문** 네, 명심하여 인연을 소중히 여기며 더불어 행복하게 사는 길을 고민하면서 삶을 잘 관리하도록 하겠습니다.

## 자연은 일음일양(一陰一陽)의 도(道)

자연의 질서는 플러스(+)와 마이너스(-) 같은 다른 성질끼리는 서로 당겨 끌어안고, 플러스(+)와 플러스(+), 마이너스(-)와 마이너스(-)처럼 같은 성질끼리는 서로 밀어 내게 되어있다. 자석도 서로 다른 극끼리는 붙고 서로 같은 극끼리는 밀어낸다.

그런데 종종 동물이나 사람 중에 같은 성질끼리 당기어 포용하려는 돌연변이 현상이 발생하기도 한다. 여자의 몸인데도 성적인 감정은 남자가 아닌 여자에게 일어나거나 남자의 몸인데도 여자가 아닌 남자에게 일어나는 경우가 그것이다.

왜 그럴까? 이를 이해하기 위해 여러 가지 실례 중 한 가지만 말씀드리고자 한다.

언젠가 부산에 계시는 보살님께 전화가 왔다. 회사에 다니는 부장님이 직장문제로 고민이 있어 이분과 차 한 잔 나눌 수 있겠느냐는 것이다. 그래서 자리를 함께하게 되었다.

한참 동안 이런 저런 얘기를 하시는 동안, 그분의 눈을 쳐다보니 동성 연애자라고 선언한 바 있는 방송인 모 씨가 눈동자에 아른거린다. 그래서 "부장님 눈 속에 왜 방송인 모 씨가 들어 있을까요?" 하니 부장님이 한참 동안 침묵하시더니만 눈물을 흘리시는 것이다.

**답** 죄송합니다. 그냥 제 느낌을 얘기한 것인데…….
**문** 아닙니다. 나이 40이 넘도록 아무에게도 말 못하고 죄인처럼 살아온 인생인데 그걸 지적하시니 눈물이 나네요.

**답** 많이 힘드셨겠습니다.
**문** 네, 여자를 사랑할 수 없는 몸입니다. 집안에서는 대가 끊긴다고 지금이라도 서둘러 장가가라고 성화가 대단하지만 저와는 상관없는 잔소리일 뿐이니 집에도 자주 가지 않습니다.

**답** 부장님! 제 말을 잘 들으세요. 동성을 좋아하는 성적 충동은 부장님의 마음이 아니고 부장님 몸속에 들어와 있는 영혼의 마음이 부장님의 마음에 전달되어서 그런 것이니 알아차리셔야 합니다.
**문** 제가 귀신에 씌어서 그런 것이란 말씀인가요?

**답** 네, 성적 집착이 강한 여자 영혼이 몸에 들어와 있어서 그런 것입니다. 그 여자 영혼의 입장에서는 당연히 남자를 좋아할 것이 아니겠습니까?
**문** 그럼 어찌해야 할까요?

**답** 인연 닿는 사찰에 가서서 영가 천도재를 해서 정리하시기 바랍니다.
**문** 고민해 보겠습니다.

그렇게 헤어진 한참 후에 연락이 왔다.

**문** 스님! 어머니에게 스님과 나눴던 얘길 전해드리고 어머니가 아는 사찰에서 천도재를 하기로 결정을 봤습니다. 스님께서도 저를 위해 기도해주세요.
**답** 네네, 생각 잘 하셨습니다. 좋은 결과 기대하겠습니다.

그리고 천도재 하는 날 사찰로 이동하면서 전화가 왔다.

**문** 스님! 오늘 천도재 하러 사찰로 가는 중입니다.
**답** 네, 잘 다녀오세요. 그런데 무슨 꿈 없었나요?

**문** 꿈에 꽃뱀 세 마리가 제가 움직일 때마다 따라오는데 갑자기 하늘에서 레이저 광선 같은 강력한 빛이 쏟아지더니 두 마리 뱀의 몸에 '마음, 심心'자가 새겨지며 안개처럼 사라져 버리는 것이었습니다. 그런데 한 마리 뱀은 그대로 남아 있었습니다. 그리고 어머니 꿈에는 뱀 한 마리가 보이더라고 하십니다.
**답** 천도재가 끝나면 그곳 스님께 기도할 숙제를 내어 달라고 하셔서 열심히 숙제를 하시기 바랍니다. 몸에 들어와 있는 여자 영혼이 세 명인데 오늘 천도재가 끝나면 두 명은 떠나가는데 한 명은 더 시간이 필요한 것이니 열심히 기도하시기 바랍니다.

**문** 네, 알겠습니다. 오늘 다 정리되지 않는군요. 열심히 기도하겠습니다.

부장님은 정성껏 천도재를 마치고 100일 동안 광명진언 숙제를 받아서 열심히 독송하시더니 결국 문제를 해결할 수 있었다. 지금은 장가를 가서 단란한 가정을 이루고 잘 살고 계신다.

## 바람은 바람으로 돌고 돈다

**문** 스님! 이놈의 영감탱이가 한평생 바람을 피우는 것 때문에 제 가슴에 대못이 박혔습니다. 제가 명대로 못살고 죽을 것 같아요.
**답** 보살님 연세가 환갑이 넘으셨으니 살만큼 사셨네요. 그러니 이제 사는 날까지 보너스 인생이라고 여기시고 자기를 위해 못하고 살아온 시간 이제부터 쓰면서 사시기 바랍니다. 그리고 영감님 바람 문제는 부처님 전에 엎드려 보살님이 참회하셔야 풀립니다.

**문** 아니, 죄는 영감이 짓고 다니는데 제가 반성해야 된다니요?
**답** 밭에 콩을 심으면 콩 밭이 되고 팥을 심으면 팥 밭이 되듯이 두 분은 같은 밭에서 함께 살고 있는 '동업인생'입니다. 같은 업을 한 번은 주고 또 한 번은 받고 하면서 다람쥐 쳇바퀴 돌 듯 하고 있으니 이 생에는 그 바람피우는 업을 보살님이 끊어주셔야 합니다.

**문** 그럼 다음 생에는 제가 바람이라도 피우게 된다는 말씀이세요? 정말 그리 된다면 실컷 피워서 저 영감 화병에 쓰러지는 꼴이라도 보면 좋겠습니다.

**답** 영감님에게 지금처럼 원망하고 지내시면 그리 되십니다. 보살님은 억울하다 생각하시겠지만 억울할 것 하나도 없습니다. 지금 영감님은 전생에 보살님께 당한 만큼 되갚아 주고 있는 것입니다.

**문** 그걸 어찌 아나요? 혹시 제 마음 달래주시느라고 그리 말씀하시는 건 아닌가요?

**답** 아닙니다. 말씀드린 그대로입니다. 보살님 가슴에 손 갔다 대시고 "언젠가 내가 바람 꾀나 피우며 저 영감에게 업보가 있는 사람은 아닌가?" 하고 생각해 보세요.

**문** 그럼 이놈의 영감이 하는 대로 보고 살아야 하나요?

**답** 그렇다고 영감과 할매가 함께 바람피우고 살 수는 없잖아요? 영감님이 죽고 곁에 없는 것보다는 나으니 놔두시고 보살님은 부처님에게 '놀러'나 다니시기 바랍니다.

**문** 그런다고 부처님이 제 맘을 알아주실까요?

**답** 그럼 부처님이 아닌 그 누가 보살님의 맘을 알아주겠습니까? 부처님이시니 알아주시는 거지요. 저 역시나 부처님께서 제 맘을 알아주시지 않는다면 이 깊은 산골에서 혼자 외롭게 살 이유가 없잖아요.

# 미안해와 고마워

평소 잘 알고 지내는 보살님이 아드님 대학진학을 위해서 3천 배를 세 번을 하고 나니 식이 밝아져서 예지몽을 꾸게 되고, 직감이 강해져서 조금만 집중을 해도 뭔가를 신통하게 알아보는 것이었다.

어느 날 찾아오셔서 하시는 말씀이……..

**문** 스님! 요즘 꿈에 우리 집 처사가 이상한 모습으로 보입니다. 처음에는 그냥 무시하고 지나쳤는데 비슷한 내용을 세 번째 꾸고 보니 신경이 쓰입니다.

**답** 대체 무슨 꿈이기에 그러세요?

**문** 처사가 침대 위에 누워있는데 다른 여인과 나체 상태로 보이는 꿈을 계속 꾸게 됩니다.

얘기하기가 참 곤란한 꿈이니 선뜻 말이 나오질 않았다.

**문** 스님! 처사가 바람피우는 것 맞죠?

어허! 참 곤란한 질문을 계속하니 내 속이 다 타들어간다.

**답** 보살님! 차나 한 잔 드시고 마음을 편히 가지세요.

**문** 그러니깐 처사가 바람피우는 것이 확실하지요?
**답** 보살님! 처사님이 설사 그런 실수를 했다고 해서 헤어지고 살 수 있겠어요?

**문** 그런 일이 있다면 절대 용서할 수 없지요. 헤어져야죠. 어떻게 배신감을 참고 살 수 있겠어요? 헤어져야죠.
**답** 보살님이 헤어지시면 처사님은 잠시 방황하시다가 보살님보다 더 젊은 여자를 만나서 노후를 행복하게 보내게 될 것입니다.

**문** 왜요? 그럼 전 어떻게 되는데요?
**답** 보살님은 처사님과 헤어지시면 절대 혼자 살 수 없기에 재혼을 하셔야 하는데 지금 남편이 1등급이라면 재혼남은 3등급이 됨으로 죽는 날까지 지금 남편과 비교가 되어 한숨 속에 살다가 죽습니다.

**문** 세상에 그런 일이 어디 있습니까? 그럼 어떻게 해야 하나요?
**답** 다른 물건으로 바꿔 살 바에는 지금껏 사용해온 물건을 그대로 사용하심이 보살님께 훨씬 좋습니다. 지금 다른 물건으로 바꾸게 되면 보살님 맘에 들게 만들기까지 너무 오랜 시간이 걸리고 남편보다 등급이 한참 아래라서 기가 막혀서 숨이 넘어갈 경우가 수도 없이 생깁니다. 그러니 남편을 용서해주고 그대로 사세요.

**문** 물건은 새 것이 좋고 사람은 옛정이 좋다는 애긴가요?
**답** 네, 그렇습니다.

그런 후에 며칠이 지나서 보살님이 도저히 그냥 넘어갈 수 없어서 휴대폰 문자를 통해 불륜을 확인하고 난리를 치게 되었다. 처사님은 남편 자리는 포기하더라도 아이들 아빠로서 자리는 지키게 해달라고 매달리며 통사정을 한다는 것이다. 보살님이 며칠 후에 다시 찾아오셨다.

**문** 스님! 속에 천불이 올라와서 도저히 용서가 안 됩니다.
**답** 보살님! 저번에 말씀드렸다시피, 보살님이 한 번 눈감아주면 처사님이 죽을 때까지 보살님께 충성하실 겁니다.

**문** 한 번 배신한 사람인데 그걸 어떻게 믿습니까?
**답** 그럼 제가 믿게 만들어드리겠습니다.

**문** 스님이요?
**답** 네, 평생 동안 반성하며 보살님께 잘 하면 되잖아요?

**문** 어떻게요?
**답** 남편을 모시고 오세요. 그리고 스님이 다 사정을 알고 계신다 하고 스님 말씀을 듣고 딱 한 번만 용서해 주기로 마음을 바꿔 먹었다고 하세요.

그리하여 남편을 모시고 함께 오셨다. 제가 먼저 말문을 열었다.

**답** 두 분의 궁합을 보니 99.9점이라 만약 60점만 되었더라도 헤어지라고 하였을 것입니다. 혹시 마음속으로 이렇게 좋은 점수의 궁합인데 이런 사고가 일어날 수 있느냐 할 수 있겠는데, 그건 업의 문제가 있기 때문입니다. 두 분은 이번 일을 계기로 더욱 의지하면서 좋은 관계로 발전해 나갈 것입니다.
**남편** 저의 불찰로 해서 스님까지 이런 일로 신경 쓰게 해서 정말 죄송합니다. 신경 써 주셔서 정말 감사합니다."

**답** 그런데 처사님은 아셔야 합니다. 여자는 한 번 상처를 입으면 죽을 때까지 지워지지 않고 소가 여물을 되새김질 하듯이 두고두고 상처 때문에 힘들어 합니다. 그러니 신뢰회복을 위해서 처사님은 매일매일 반성하고 잘하겠다는 메시지를 부인께 표현하도록 하세요.
**남편** 네, 백번이고 해야죠. 네, 알겠습니다.

**답** 그런데 그렇게 되지 않습니다. 부인이 용서해준다고 하는 순간, 미안하고 감사하는 마음이 들면서도 시간이 지나면 다른 핑곗거리가 생겨나게 됩니다. 그러니 저랑 약속하십시다. 매일 반성하고 감사한 마음으로 살아가겠다고.
**남편** 네, 그렇게 하겠습니다.

**답** 그런 의미에서 두 분에게 선물을 두 가지 해드릴 것이니 소중히 간직하시기 바랍니다.

**남편** 스님이 무슨 선물을요. 감사 인사는 저희가 드려야죠.

**답** 처사님! 고양이 좋아하세요?"

**남편** 저는 짐승을 안 좋아합니다. 마누라는 좋아하죠. 그러나 키우지는 않습니다.

**답** 제가 새끼 고양이 두 마리를 사 드릴 것이니 우선 석 달 간만 키운다고 생각하시고 함께 지내보세요. 그리고 고양이 이름은 제가 지어드리겠습니다. 석 달 동안 키워보고 그래도 키우기 싫으면 저에게 데려다 주세요.

**남편** 알겠습니다. 스님이 다 저희 가정 위해서 하시는 말씀인데 그대로 따르겠습니다.

그렇게 하여서 새끼 고양이 두 마리를 구해서 키우게 되었다. 이름을 부탁해 오셔서 한 마리는 '미안해' 또 한 마리는 '고마워'로 지어드렸는데, 부인은 이름을 듣고 너무 고소하다고 웃음을 짓고 남편은 왜 하필 이름이 '미안해', '고마워'냐고 하면서 좋아하지 않더라는 것이다.

처음 한동안은 부부 모두 이름을 부르지 않고 지내다가 언제부터인지 서로 이름을 부르기 시작했다. 처음에 보살님은 보살님대로 내가 먼저 '미안해', '고마워' 할 것이 뭐있냐고 생각했고, 처사님은 아무리 그래도 그렇지 '미안해', '고마워'가 뭐야 하면서 부르지를 않았다는 것이다.

그러다가 처사님은 처사님대로 보살님은 보살님대로 주저 없이 '미안해', '고마워'를 하루에도 수도 없이 부르게 되니 웃지 않을 수 없다는 것이다.

아침에 처사님이 출근할 때면 보살님께서 "미안해, 고마워" 하면 고양이 두 마리가 잽싸게 뛰어나와서 "야옹~ 야옹~" 하고, 퇴근해서 집에 들어올 때도 "미안해, 고마워" 하면 고양이 두 마리가 나와서 "야옹~ 야옹~"을 해서 또 웃게 되었다. 집에 함께 있을 때도 수시로 고양이 이름을 부르니 부부에게 참회와 감사하는 마음이 절로 일어나더라는 것이다.

100일이 지났는데도 고양이를 데려오지 않는 걸 보니 사는 재미가 톡톡히 있나 보다고 생각하며 잊어버릴 수 있었던 이야기이다.

살다보면 선업은 선업대로 악업은 악업대로 발동하여 서로 즐거워할 때도 있고 서로 괴로워할 때도 있다. 선업이 동하여 즐거울 일이 생기면 "부처님! 감사합니다." 악업이 동하여 괴로울 일이 생기면 "부처님! 참회합니다."라고 마음을 다스리다보면 어떠한 악업도 다 극복하며 지낼 수 있다는 것을 말씀드린다.

## 텅 빈 하늘에 보름달처럼

추석연휴에 차를 음미하며 떨어지는 낙엽을 바라본다.

차 한 모금 입 안에 머금었다 삼켜보고 또 한 모금 머금었다 삼켜보는 재미가 쏠쏠하다. 한가위 하늘에 보름달이 휘영청 밝게 떠오르듯 보살님들의 마음속에도 보름달이 또 올랐을 것이다.

인생사 자기 맘대로 다 되는 것이 아니니 좀 더 양보하고 포용하고 화합하며 살라는, 보름달이 주는 의미를 알아차렸을 것이다. 이번 명절에 만난 한 사람 한 사람이 여러분들 마음속에 떠오른 보름달이다.

서로 건강하고 행복한 인생길이 되시길 기원하며 명절 마무리를 잘 하시길 바란다.

기분 상했던 일들은 마음에 담아 두지 말고 비워내 버리시기 바란다. 마음을 비우면 그 빈자리에 빛이 채워진다. 마음을 비우지 않고 이런저런 생각이나 감정들을 채워두면 그만큼 어두운 마음이 된다.

자신이 원치 않는 것을 상대가 던지고 가면 그걸 주워 밖으로 던져버려야지 끌어안고 있으면 자기만 괴롭고 죽어난다.

나의 마음이라는 꽃밭에 지나가는 사람들이 돌멩이, 깡통, 유리병, 담배꽁초 등을 버려 놓으면 주워내서 버려야지 그대로 방치해두면 버려도 되는 줄 알고 더 큰 쓰레기 봉지들이 날아들게 된다.

마음의 원리가 바로 자연의 원리이다. 이를 선용하면 즐거움을, 악용하면 괴로움을 겪고 살게 된다. 착한 씨는 잘 가꾸어야 하지만 악한 씨는 주워내서 버려야 한다.

깨달음을 향한 마음이나 인간관계에서의 마음관리나 마음의 원리를 이해하고 실천하면 전생에 잘못 살았던 업을 정리하며 편안한 인생을 살다가고 아니면 더욱더 꼬여서 업의 무게만 무겁게 만들어 불안하고 괴로운 인생을 살다 가게 된다.

마음을 비우면 빛이 되고 채우면 어둠이 된다는 것을 이번 추석명절에 떠오르는 보름달을 보고 깨닫기를 소망해 본다.

## 무거운 삶의 짐을 내려놓기

왜 사람들은 남녀의 생식기를 탐할까?

우리가 그곳에서 나왔기 때문이다. 그래서 그곳을 쫓아서 내 몸이 만들어져 살던 '나의 살던 고향'을 찾아들어가 수고하고 목마른 현실의 삶을 떠나서 '안식'하고자 하는 것이다. 그러한 심리의 발로가 성을 탐하게 만든다.

마치 나무의 줄기와 가지와 꽃들이 결국에는 열매를 맺는데 이 모든 과정과 결과에는 뿌리라는 것이 있으므로 해서 발생하고 결실된 것이니 결국 뿌리가 있는 곳으로 떨어져 내리는 것과 같다.

모태에 있을 때는 의식주에 전혀 걱정할 일이 없고 오직 산모의 보호 아래 휴식하며 모체와 몸과 맘이 하나로 일체된 상태이다.

그런데 몸이 나온 자리를 아무리 쫓아다녀도 인생의 목마름은 해갈할 수 없다. 몸은 잠시 즐거움에 취해 현실의 목마름을 잊을지라도 갈증은 여전하다.

마음의 목마름은 마음의 구멍을 찾아서 해결해야 한다. 몸이 나온 자리가 텅 비어 있듯이 생각이 나오는 마음 구멍 역시나 텅 비어 있다.

그런데 몸이 나온 자리는 다들 아는데 맘 구멍의 위치는 어디에 있는지를 모른다. 구멍 위치를 알아야 찾아 들어갈 텐데 말이다.

맘 구멍은 한 생각이 일어날 때 그걸 놓치지 말고 '너 지금 어디서 나왔나?' 하고 맹수가 사냥감의 목을 숨통이 끊어지도록 물고 늘어지듯이 계속 추궁해야 한다.

아니면 맘 구멍을 막고 있는 생각이란 놈을 무시하고 '난 널 모른다.' 하고 무시 전략으로 나가는 것이다. 그러면 그 자리에 맘 구멍이 바로 드러난다. 생각이 뚝 끊어진 그 자리가 바로 맘 구멍인 것이다.

거기서 고양이가 쥐를 노려보듯 정신 바짝 차리고 기다리도록 한다. 이렇게 자기 마음의 구멍을 찾아서 들어가는 것은 쉽다. 그래서 사람은 누구나 수고하고 무거운 삶의 짐을 내려놓고 안식(쉼)할 수 있는 것이다.

우주라는 집 안에서는 하늘을 지붕 삼고 땅을 침상 삼고, 만물을 살림살이 삼아서 생활이 이뤄지고 있다. 마음이란 분석하면 바라보는 마음, 일어나는 마음, 생각하는 마음 등으로 구성되어 있다.

중생은 주제 파악이 안 되어 주객이 전도된 채 살고 있다. 보살은 마음의 실제적인 주인이 되어 일어나는 마음과 생각하는 마음을 수족으로 부리는데 중생은 일어나는 마음과 생각되는 마음에 종이 되어 끌려다니고 있다.

수행이란 주제 파악을 하여 만물의 뿌리(주체성)를 회복하여 만물을 리드하는 영장으로서의 주인 된 지위를 회복하는 것이다.

# 하늘나라 사람들

만물은 하늘과 땅 사이에서 탄생하며 삶을 영위하고 있다. 그리고 하늘과 땅이라는 상대적인 성질을 이어받아 탄생하는데 두 가지 성질 중 어느 한 가지에 더 가까운 성질을 지니고 태어난다.

하늘의 성질인 양의 에너지를 많이 지니고 태어나면 '하늘=아들'이라 하고, 땅의 성질인 음의 에너지를 많이 지니고 태어나면 '땅=딸'이라고 한다.

그래서 아들은 하늘 아버지의 기운을, 딸은 땅 어머니의 기운을 대표한다고 동양인의 사고방식에서는 그렇게 보고 있다.

서양인의 사고방식에서 보더라도 기독교의 주기도문이 상징하듯이 "하늘에 계신 우리 아버지시여!"라고 표현하고 있다. 이렇듯 우리의 언어 속이나 신앙 속에 깊이 새겨져 있는 것이다.

예수님의 마지막 말씀인 "아버지여! 어찌하여 나를 버리셨나이까!"의 말씀도 자신을 하늘 아들이라고 표현하고 있다. 옛날 중국을 대표하는 황제를 천자라고 칭했고 일본 황실에는 지금도 천황폐하가 존재한다.

우리 단군의 역사에도 하늘나라에서 환웅천왕이 삼천무리를 거느리고 태백산에 내려왔다고 표현하고 있다. 에덴동산에서는 하나님의 아들과 딸인 아담과 하와가 살고 있었다.

이 모두는 바로 하늘나라 또는 하늘 아버지의 아들들이라는 사실을 말해준다. 지구상에 존재하는 모든 인류의 출발점에서 보면 우리 모두가 바로 하늘나라에서 살고 있는 하늘의 아들과 딸들이다.

생물학적으로 자기의 근본은 부모 조상님이지만 모든 인류와 만물의 근본은 하늘 아버지라는 존재인 것이다. 이를 신, 법신불, 절대의식, 하느님 등으로 표현을 하고 있다. 그러므로 확실한 개념을 알면 생명의 근본에 대하여 어떤 표현을 쓰던지 혼란을 느낄 필요가 없는 것이다.

예수님의 지상 천국론이나 부처님의 '이 순간 속에 깨어 살아 있음'이 모두 하늘의 정신을 이 땅 위에 실현해 내는 철학인 것이다. 바로 주기도문 속의 "하늘에서 뜻이 이루어진 것처럼 이 땅 위에서도 이루어지이다."가 그것이다. 구원받은 자, 깨달은 자가 머무는 곳이 바로 하늘나라인 것이다.

## 인간은 세상의 주인이요 만물은 자식이다

어느 사람이 봄을 찾아 온 산천을 헤매다 찾지 못하고 지친 몸을 이끌고 집으로 돌아와 마당에 놓인 평상 위에 몸을 눕혀 쉬는데 그리도 찾아 헤매던 봄이 자신의 가슴속에서 쿵당거리며 뛰고 있더라고 한다.

지구를 무대로 태양이 솟아오르면 만물이 살아 일어나고 그 태양이 지면 만물이 죽어 휴식하게 된다. 수수억겁을 이렇게 반복하며 만물을 일으키고 쓰러지게 하는 태양의 능력과 신비로움은 위대한 것이다.

그러나 알아야 할 것은 지구가 태양을 향해 한 순간도 쉬지 않고 돌면서 순례를 하고 있기 때문에 가능한 일이다.

인간은 지구 농사의 최종적인 결실인 것이다. 아니 삼천대천세계라는 우주의 결실이라고 할 수 있다. 그러므로 결실인 인간을 소급해 들어가면 그 뿌리를 만나게 된다. 그래서 인간은 '씨가 먼저냐 열매가 먼저냐?'라고 할 때, 씨이면서 열매인 것이다. 바로 '알이면서 닭'이라는 사실이다.

지구와 우주의 열매인 인간! 그 인간의 눈을 밖으로 향하면 결과적인 입장에서 사물을 낱낱이 바라보게 되지만 눈을 안으로 향하면 원인적인 입장에서 사물이 통합적으로 바라보이게 된다.

결과적으로 바라봄은 중생의 견지요, 원인적으로 바라봄은 부처의 견지인 것이다. 오늘도 해는 뜨고 진다. 그 뜨고 지는 것을 바라보며 환호성을 지르며 즐거워들 한다. 그러나 관심을 안으로 돌려 바라보면 뜨고 지는 것이 없이 항상 밝게 비추이는 태양빛을 보며 그 맑고 고요함 속의 '평화', 밝고 안락함 속의 '빛의 충만'을 누리게 된다. 그래서 옛사람은 "본심이 곧 본 태양"이라고 한 것이다.

구세주인 성현들은 바로 이러한 사실을 알아차리고 세상에 출현한 또 하나의 태양들이시다. 어리석어 어둠 속에 살고 있는 중생에겐 마치 태양과도 같은 빛의 존재들이시다.

화엄경의 교주 청정법신비로자나불을 한역하여 '대일여래大日如來' 곧 큰 태양이라 하시고, 서방정토 극락세계의 교주이신 아미타불을 '무한대한 빛으로 충만한 존재'라고 하는 것이다. 또한 대학지도는 '명명덕明明德'이라 하여 인간의 천성인 밝은 덕을 드러나게 하는 공부가 바로 대학이 가는 길이라고 하는 것, 또한 마음공부의 핵심이 어디에 있는지를 정확히 말해주고 있는 것이다.

# 시절인연 時節因緣

시절인연이란 만사는 그 시작점인 만남과 끝점인 헤어짐의 시기가 있다는 가르침으로 자연의 이치가 그러하다. 콩 심은 데 콩이 나고 팥 심은 데 팥이 나지만 심을 때와 거둘 때가 정해져 있다.

태어나는 시기
늙어가는 시기
병들어 가는 시기
죽어가는 시기
좋다고 매달려도 안 되는 시기
싫다고 거부해도 막을 수 없는 시기
필요하다 원해도 이뤄지지 않는 시기
이밖에
보고 싶은 대로
듣는 싶은 대로
맡고 싶은 대로

먹고 싶은 대로

말하고 싶은 대로

느끼고 싶은 대로

생각하고 싶은 대로

되기도 안 되기도 하는 시기가 있다.

세상에는

사람이든

재물이든

명예든

권력이든

사랑이든

영원히 지속되는 것은 하나도 없다.

이를 알고 세상을 살아가면

기쁘다 해서 크게 소리치며 펄쩍펄쩍 뛸 것도 없고

슬프다고 넋 잃고 땅 속으로 꺼져 들어가는 듯 낙심할 필요도 없다.


지금 당면한 문제로 숨을 제대로 쉴 여유조차 없이 힘겨운 상황이라도

업력이 약해지는 시기가 오면

벗어나는 시기가 온다는 것을 알아야 하고

지금은

즐겁고 만족스럽고 행복한 상황에 있더라도

복력이 약해지는 시기가 오면

전혀 다른 상황이 올 수도 있다는 것을 알아야 한다.

그래서

"오는 인연 막을 수 없고, 가는 인연 붙들 수 없다"고 하는 말이 생긴 것이니 때를 알고 이에 자연스럽게 대응<sup>應無所住以生其心</sup>해 나가는 것이야말로 큰 마음공부라 할 것이다.

여러분은 이 세상에 오서서 그동안 어느 계절을 살아 오셨습니까? 지금은 어느 계절을 살고 계십니까? 또한 앞으로는 어느 계절을 살게 될까요? 분명한 것은 과거에 뿌렸던 씨가 오늘날 자신이 겪고 있는 결과라는 사실과 오늘날 어떤 씨를 뿌리고 살고 있느냐가 미래에 자신이 만나게 되는 상황들이란 것만은 분명히 알고 살아야겠다.

"내일 지구에 종말이 올지라도 오늘 나는 한 그루의 사과나무를 심겠다."던 철학자 스피노자의 말이 소중하게 느껴진다. 오늘도 착하고 현명하게 마음을 잘 관리해야겠다.

## 조화는 사랑이다

  좋다는 것은 조화造化로써 상대가 좋아할 거리를 찾아서 챙겨주고 싶은 심리의 발동이다. 사람은 누군가를 좋아하면 아낌없이 주어서 멋있게 장식해주고 싶어진다. 나아가서는 상대의 어려움과 함께하며 어울리는 것을 말한다. 물론 여러 가지 어려움과 재물의 손실도 발생할 수도 있다. 그러나 감당해야 할 몫으로 여기며 상대가 어려움에서 벗어나는 것을 위안 삼고 보람을 느끼는 것이다. 그런 점에서 불자가 마땅히 실천해야 하는 보시생활은 자비희사와 같으며 사랑의 실천이기도 하다.

  '좋아한다' 할 때의 뜻은 한자로 造(지을 조)이며 상대가 좋아하는 것을 챙겨주는 것이요, 化(될, 화)는 상대가 행복하도록 해주는 것이다. 일시적으로 빌려주는 것이 아니라 완전히 내 것이 상대의 것으로 바뀐다. 부모가 자식에게 베푸는 챙김, 자식이 부모에게 드리는 효도, 사랑하는 사이에 좋아하는 것을 선물하는 것, 보살이 중생을 챙기는 마음, 부처님이 중생에게 내리는 은혜, 중생이 부처님에게 드리는 공양, 이 모든 것이 바로 조화造化인 보시생활인 것이다.

  신이 인간을 사랑의 대상으로 창조했다는 뜻은 인간에게 자신의 모든 것을 전해서 신이 인간으로 화하는 것을 의미한다. 그래서 요한복음 1장14절에 "말씀이 육신이 되어 우리 가운데 거하시니 그 은혜와 진리가 충만하도다."라고 한 것이다.

  자연세계 자체가 신의 몸이 펼쳐진 것이요, 인간은 자연의 마당에서 뛰노는 주인 그 자체이다. 전개과정의 순서에 있어서는 부자지간이나 모자지간처럼 차서가 있지만 본질에서는 똑같은 DNA를 지니고 있는 하나이다.

  이는 뿌리와 열매와 같이 하나의 생명체인 것이다. 우주의 씨가 신이라면 그 열매는 자식으로써 인간이다. 그러므로 우주 탄생의 씨인 신이 동시에 열매면서 자식인 인간 자체로 압축되어 있는 것이다.

## 하늘은

자신을 비워

허공이 되고

땅은

자신을 비워

만물을 품고

인간은

생각을 비워

참 나가 되고

나무는

뿌리의 영양분을 비워

열매를 맺고

강은

강물을 비워

바다에 이르고

이

모든 것은

사랑이라는

보시의 정신을

세상에

펼쳐낸 것이다.

# 마음에 대한

마음에 대한 실체규명에 인류는 애를 써 왔다. 그 결과 텅 빈 공空, 아무것도 없는 무無라고 규명해내기에 이르렀다.

단지 생각이라는 움직임이 거울같이 맑고 호수처럼 침묵하는 고요한 실상을 흔들어 시끄럽게 하며 온갖 가공물을 살림살이로 만들어내서 결국에는 그 속에 자신을 가두고 고통 속에 살고 있는 것이 인간의 현실이 되었다.

그래서 육조단경에 이르길 "과거의 마음도 얻을 수 없고 현재의 마음도 얻을 수 없고 미래의 마음도 얻을 수 없다"고 한 것은 단지 생각만이 어지러이 일어났다 사라지고를 되풀이하며 가공의 세상을 만들어 그 안에서 집착하고 구분하고 대립하며 살고 있다는 것이다.

깨어있음이란 생각으로 마음을 어지럽히지 않고 마음의 본성 그대로 침묵상태에 머물러 있음을 말하고, 보살도란 깨어있음의 상태를 잃지 않고 자신이 머무는 곳에서 주어진 생활을 성실하게 해나가는 것을 말한다.

## 사랑밖엔 난 몰라

우리는 배운 대로 관세음보살님은 천 개의 손과 천 개의 눈을 가진 분이라고 알고 있다. 관세음보살님의 관심과 사랑의 손길을 필요로 하는 중생이 어찌 천 명뿐일까?

당신의 신통력의 자재함은 중생이 만 명이면 만 개의 손과 눈으로 변신하시고, 중생이 천만 명이면 천만 개의 손과 눈으로 변신하시고, 중생이 천백억이면 당신의 손과 눈이 천백억으로 변신하신다.

그런데 그렇게 큰 사랑을 실천하시는 관세음보살님은 도대체 어디에 계실까? 수행하여 세상사 고통을 다 떠나시고 극락이나 천국에서 행복하게 지내고 계실까?

나무가 성숙하면 이파리는 낙엽이 되어 추운 겨울 내내 나무 주변을 덮어주고 지내다가 모진 비바람을 맞으며 마침내 썩어 거름이 되는 걸 주저하지 않고, 그 열매는 땅 위에 살고 있는 사람이나 동물들에게 먹이가 됨을 기뻐한다. .

기도를 하고 수행을 하는 목적은 바로 옆에 있는 상대의 고통을 덜어주고 상대의 기쁨을 위해서 기꺼이 자기를 희생하며 사는 것을 기뻐하는 것이다.

# 나는 스스로 존재하는 자

마음의 근본인 자성이란 '스스로 자自+성품 성性'이다. 즉, 마음이란 누구의 손에 의해 만들어진 작품이 아니라 스스로 존재한다는 것이다.

성性 자는 '마음 심心 변'에 '날 생生' 자이다. 즉, 일어나는 마음과 생각하는 마음을 낳는 자리라는 뜻의 바라보는 마음인 것이다. 이를 참 나, 또는 절대의식, 법신불, 하느님이라고 한다.

시간과 공간 안에서 생각되고 생각하는 힘에 의해서 만들어진 것은 조건(인연)에 의해서 생긴 것이니 조건이 바뀌면 사라지는 것이다.

그러나 단지 바라보는 마음인 자성이란 조건(인연)에 의해서 만들어진 것이 아니기에 시간과 공간을 초월해서 자유롭게 움직이는 존재로서 생각의 힘을 사용해 우주 안의 모든 살림살이를 스스로 만들고 스스로 이루는 영원한 창조적 삶을 살아간다.

그런 의미에서 우주 안의 움직임은 시공을 초월한 절대자가 시공 속으로 자기를 전개하며 이루어내는 자기 살림살이이다.

내가 곧 절대자의 나타남인 것이니 자기 밖에서 절대자를 찾지 말고 자기 안에서 찾아야 한다.

"아버지가 내 안에, 내가 아버지 안에 있는 것처럼 내가 너희 안에, 너희가 내 안에 있으라."라고 예수님은 말씀하신다.

의사 대사는 법성게를 통해서 사람뿐 아니라 일체존재는 그 무엇이나 본질적으로 같다고 말씀하고 계신다.

# 입춘<sub>立春</sub>인 오늘은

　입춘인 오늘은 태양이 추위와 어둠을 물리치고 대지를 형형색색으로 장엄시키기 위해 활동을 시작하는 첫 날이다. 태양이란 빛과 함께하는 지구 위의 생명체들에겐 목숨처럼 소중한 존재이다. 오늘부터 태양이 1년 동안 우리의 나아갈 길을 열어주고 살아갈 희망의 빛이 된다.
　산 자에겐 건강, 재물, 명예 같은 축복의 빛으로, 수행자에겐 깨달음의 빛으로, 죽은 자에겐 극락으로 인도하는 구원의 빛으로 다가온다. 우리 다 함께 태양이 활동을 시작하는 오늘을 기쁜 맘으로 맞이하자.

　큰 태양이신 비로자나불 아버지시여!
　영원한 생명의 빛인 아미타불 아버지시여!
　어서 오소서! 이 아들이 환영인사 올립니다.

# 동짓날을 맞이하여

동짓날은 일 년 중에 가장 밤이 긴 날이라고 한다. 이날을 기념하여 붉은 팥죽을 쒀 먹기도 하고, 문지방에 바르기도 하고, 집안이나 사업장 또는 공장 구석구석에 뿌리기도 한다. 이렇게 하는 것은 우환, 근심, 걱정거리가 생기지 않고 편안하고, 즐겁고, 행복한 일이 많이 일어나길 바라는 마음에서다.

자연이치상으로는 겨울의 한복판, 어둠無明이 가장 긴 날이 지나면 추운 겨울에서 따뜻한 봄날이 시작되고 어둠에서 밝음으로 나아간다는 의미이니 우리도 자연의 질서에 동참하여 각자 봄날의 소망을 가슴에 품고 밝은 인생길을 열어가겠다는 의지의 표현이기도 하다.

붉은 팥에 동그랗게 새알을 만들어 넣는데 붉은 것은 빛이요, 둥근 새알은 태양을 상징한다. 태양이 뜨면 어둠이 물러가듯이 우리의 현실 속에 어두운 문제들이 태양처럼 밝은 빛으로 변화하여 해결되길 원하는 마음을 담은 것이다.

동짓날이 이틀 앞으로 다가왔다. 한 해 동안 여러분을 힘들게 했던 일들이 해소되고 태양 빛처럼 활짝 웃는 새해를 맞이하시길 기원드린다.

131

# 깨달음의 선물, 웃음

웃음은 자연에서는 만물을 리드하는 태양의 빛이요, 수학에서는 플러스와 마이너스의 기준점인 '영'이요, 신앙에서는 창조하고 주재하는 절대자요, 수행에서는 세상의 욕망으로부터 벗어난 해맑은 무소유한 마음이요, 웃음을 잃고 살아가는 수고하고 무거운 짐 진 자들을 위로하는 사랑이기도 하다.

그래서 웃음은 만 병을 치유하는 영약이 되고 만 가지 인생사의 고통을 해소해주는 신비한 주문이 되기도 한다.

인간의 완성은 침묵 가운데 짓는 미소로 표현된다. 부처님의 염화시중의 미소나 불상의 은은한 미소가 이를 잘 나타내주고 있다. 그림이나 사진 속에 미소 짓는 모습은 어른, 청춘, 아이를 구분할 것 없이 바라보면 마음을 흐뭇하게 한다.

세상에서 어떠한 성취를 이뤄내거나 수행자가 큰 깨달음을 이뤄내게 되면 환희로운 미소가 터져 나오게 된다. 기도하고 수행하는 순간순간이 근심을 내려놓고 미소를 키워가는 과정이기도 하다.

물질화의 노예생활로부터 벗어나 무소유한 청정한 마음을 드러낸 부처님은 웃음으로 충만한 분이다. 그러므로 굳은 표정을 짓고 있는 부처님은 있을 수 없다. 그래서 어린아이 같이 긴장하지 않고 평화로운 얼굴을 지니게 된다.

웃을 땐 입 꼬리가 하늘로 향한다. 그러므로 울 땐 입 꼬리를 하늘로 향하여 우는 사람이 없고, 땅으로 향하며 웃는 사람도 없다. 5초만 입 꼬리를 하늘로 향하게 표정 짓고 있으면 진짜 웃음이 나온다. 아래로 향하게 표정 짓고 있으면 진짜 울고 싶어진다.

입 꼬리를 하늘 위쪽으로 향하게 하면 몸이 가벼워지면서 기가 전신으로 잘 뻗치게 되고 땅 아래쪽으로 향하게 하면 몸이 축~ 늘어지면서 기가 쭉~ 빠져 나간다.

수행을 웃으려고 하지 울려고 하는 사람은 없다. 이고득락離苦得樂이란 고통을 떠나서 즐거움을 얻는다는 뜻이다. 마음공부하는 목적이 여기에 있다. 그래서 적멸위락寂滅爲樂, 극락極樂이란 뜻도 고통을 떠나 즐거움의 극치에 도달한 것을 의미한다.

웃음을 오랫동안 연구해보니 웃으면 얼굴, 목, 어깨, 가슴 등으로 이어지는 승모근(다이아몬드벨트)이 움츠림에서 풀려 펴지면서 혈액순환이 촉진되었고 반면 이 부위가 어떤 이유로 해서 긴장되면 세포가 위축되어 혈액순환이 잘 안 되는 것을 알 수 있었다.

  웃음은 몸 건강, 맘 평화, 자비로운 마음, 업장소멸 등 신비한 작용들이 일어나게 되는데 그 효능을 일일이 열거할 수 없을 정도로 많다.
  언제 어디서든 입 꼬리가 귀에 가까이 닿도록 표정을 지으며 5초 정도만 웃더라도 '다이아몬드 벨트'의 긴장이 신속히 해소되는 것을 체험할 수 있다. 여러분도 꼭 마법 같은 효능을 발휘하는 웃음을 활용해 보시기 바란다.

# 산이 되어 물이 되어

    부처님의 한 말씀 한 말씀은 고도로 정제되고 압축된 진리의 아이콘이다. 참 마음의 이치, 행복한 마음을 표현하는 시는 진리에 목말라 몸부림 친 자만이 쏟아낼 수 있는 것이기에 2500여 년이 지난 지금까지도 부처님의 말씀들은 인류의 가슴속에 감동의 물결로 다가오고 있다.

    마음의 스승들이 표현하는 '산은 산이요, 물은 물이요', '산이 되어 물이 되어' 같은 시구들은 보이고 들리는 그대로의 모습들이 참 진리 속에서 표현되어 나오는 현상들이라는 뜻이다.

  슬프면 슬픈 대로
  기쁘면 기쁜 대로
  힘들면 힘든 대로
  아프면 아픈 대로
  잘나면 잘난 대로
  못나면 못난 대로

예쁘면 예쁜 대로
미우면 미운 대로
혼자면 혼자인 대로
둘이면 둘인 대로
젊으면 젊은 대로
늙으면 늙은 대로
태어나면 태어나는 대로
죽어가면 죽어가는 대로

보이고 느끼는 이 순간 그대로가 마음의 나타남이라는 사실을 알아차려야겠다.

부처님을 존경하고 사랑하듯이 자기의 현재 모습을 존중하고 사랑하며 살아가는 태도가 필요하다. 그래서 자존심이란 자기를 부처님처럼 존귀하게 여기며 사랑하는 마음을 말한다.

아침저녁으로 절에서 올리는 예불과 기도는 바로 자기 마음에 대한 태도를 어떻게 가져가야 하는지를 배우는 교육이다.

슬프면 슬퍼하고 있다는 사실을 느끼시고 기쁘면 기뻐하고 있다는 사실을 느껴보라. 화나면 지금 화가 나고 있다는 사실을 느끼고 힘들면 지금 힘들다는 사실을 느껴라. 즐거우면 지금 즐겁다는 사실을 느끼면 된다.

이렇게 자신의 감정을 알아차리면 자연히 사라지는 과정을 밟게 된다. 마음을 '닦고', '비운다'는 뜻이 바로 이것이다.

# 말씨 글씨

말과 글은 생각과 감정을 표현하는 단순한 상징에 불과한 것이 아니라 생각의 힘과 감정의 힘을 간직한 일종의 에너지가 깃들어 있는 주문과 같은 것이다.

진언동법계眞言同法界는 진실 된 말은 법(진리)과 같다는 의미이다. 일반에서 사용하는 말이나 글도 에너지를 지니고 있으므로 말은 말씨, 글은 글씨라고 하는 것이다.

씨란 한 그루의 나무가 만들어질 수 있는 프로그램이 내장되어 있고 에너지가 잠재되어 있는 것이다. 햇빛이라는 조건을 만나면 씨의 프로그램은 대지라는 무대 위에 자신의 뜻을 펼쳐내는 것이다.

이처럼 말(글)은 물질을 만들어내는 창조력이 있음으로 요한복음서 1장1절에 "태초에 말씀이 계시니라, 이 말씀이 곧 하나님과 함께 계셨으니 하나도 그가 없이는 된 것이 없느니라."라고 말씀하고 있다.

물의 결정체에 대한 보고서로 알려진《물은 모든 것을 알고 있다》라는 책을 출간한 일본인 에모토 마사루江本勝 씨는 우리에게 놀라운 사실을 알려주었다.

'사랑한다', '미워', '예뻐', '죽어', '진리', '평화' 등등의 말을 사용할 때 물의 입자조직이 말에 따라서 변화했던 것이다. 그래서 사물에 붙여지는 이름이나 나라 이름, 지역 이름, 단체 이름, 회사 이름, 상품 이름, 신생아 이름, 예명, 아호 등등을 함부로 짓고 불러서는 안 된다. 특정한 말과 글이 부여되면 고유한 에너지가 발동하기 때문이다.

그것은 생로병사와 길흉화복과 성패에 영향을 미치게 된다. 이처럼 중요한 말이기에 천수경의 맨 처음에 말을 하는 입을 깨끗이 하는 진언을 외우게 하는 것은 말을 함부로 해서는 안 되니 잘 가려서 하라는 가르침인 것이다.

## 하늘과 땅

　우주만물의 근본과 인간의 뿌리를 대변하는 하늘은 둥글어서 한계를 지을 수 없고 등급을 매길 수 없다. 그래서 절대 평등하고 자족한 행복 그 자체인 것이다.

　수많은 화살이 하나의 과녁을 향해 날아가듯이 둥근 하늘은 어느 지점에서 바라보든 그 중심은 한 점으로 모여진다. 그래서 둥근 원의 중심점은 하나로써 인간과 만물의 고향이기도 하다.
　이 땅 위에서 상처받고 소외받은 민중들이 하늘을 향해서 기도하며 하늘나라가 이 땅에 임하기를 원하고, 죽어서는 하늘나라에 가길 원하는 마음으로 종교를 찾는 것이다.

　어떤 종교를 믿든지 간에 그들이 찾아가고자 하는 마음의 고향은 오직 하나이다. 종교를 지도하는 사람들이 뭐라고 차별을 지우든지 진실은 그와 상관없이 인간의 꿈을 이루어준다.

땅은 울퉁불퉁 모나기도 하여 불평등하다. 땅에서 일어나는 차별에 따른 불협화음은 땅의 모난 성질 때문에 일어나는 것이다. 그래서 사람은 둥근 하늘 아래, 네모난 땅 위에서 살고 있다. 크게는 우주라는 집이 그러하고 작게는 내 몸과 내 집이 그러하다.

수행이란, 땅에 성질 따라 일어나는 탐욕, 시기질투, 어리석은 생각을 하늘의 텅 빈 차별 없는 성질로 접목시켜서 각기 다른 성질을 중화시키려는 데 있다.
이것은 플러스와 마이너스를 제로 상태로 돌려서 인간의 착하고 어질고 아름다운 본래 모습이 터져 나오게 하려는 것이다.
그리하여 하늘에서 뜻이 이루어진 것 같이 이 땅 위에서도 하늘의 뜻이 이루어지길 원하는 것이다. 그러므로 그 '하늘의 뜻'이란 나의 뜻이며 너들의 뜻이요, 기독교인의 뜻이요, 이슬람의 뜻이요, 불교인의 뜻이요, 이웃을 자기 몸같이 사랑하며 사회적 선행을 실천하는 사람들의 뜻인 것이다.

## 화원 5일장

　제가 사는 동네는 대구광역시이지만 아직은 읍에 속하는, 시골 정취가 그대로 살아있는 동네이다. 오늘이 5일장이 서는 날이라서 길거리에 나가보니 날이 차서 그런지 사람들이 별로 안 보인다.

　날마다 바닥에 쪼그려 앉아 "스님! 제 마늘이 마트에서 파는 물건보다 더 싱싱하고 좋아요!" 하시던 마늘 까는 할머니가 눈에 들어온다. 등이 휘어서 돌아가시면 박물관이나 척추공학 연구소에 보내야 할 정도로 몸이 망가져 계신다.
　일주일 내내 의자에 앉아서 군밤을 구워 파는 아저씨는 얼굴을 마주칠 때마다 "내 군밤 한 번이라도 사주지……" 하는 표정을 지으시는 것 같아 저번에 한 번 사드렸다.
　장 설 때마다 도넛을 팔던 젊은 아주머니는 요즘 통 보이질 않으신다. 안 보이시니 그때 한 번 사드릴걸 하는 후회가 밀려온다. 학교 다닐 때 연대장 포스가 나올 법도 한 갈치 파는 아주머니의 "손님들! 복 많이 받으세이~"인사말이 길거리를 쩌렁쩌렁하게 울린다.

오늘 장날이라서 자리를 옮겨 봤다는 요구르트 아주머니는 추위에 얼굴이 약간 언 모습이다. 볼 때마다 그늘이 져 있어서 맘이 안쓰럽다.

나는 17세 무렵부터 시작된 인생에 대한 허망함 때문에 동네 장터 입구에서 오가는 사람들을 쳐다보며 서 있던 시절이 있었다. 그리고 장터 입구 쓰레기더미 속에 버려진 책 한 권이 나의 정신세계를 바꿔놓았다.

심리학자 브리스톨이 지은 '신념의 마력'이 그것이다. 이 책을 주워서 보는데 마치 신이 들린 듯이 빠져들기에 잠을 잊어버리고 세 번을 거듭 읽었다.

장터는 죽음의 그림자를 내게서 거두어간 곳이었다. 꺼져가던 심장을 다시 뛰게 한 그런 곳이다. 자기 현실이 비록 땅 바닥에 떨어져 있어도 마음의 끈을 놓지만 않는다면 그 마음의 힘이 참담한 현실을 희망으로 바꾸어 놓는다는 메시지였다.

그때 그 시절에 반야심경이나 금강경을 알았더라면 얼마나 축복받은 인생길이 열렸겠나 하는 생각을 해본다. 장터는 인간의 생존에 가장 기본인 먹고 사는 문제를 해결하고자 분주한 움직임이 있다. 그 속에는 꾸밀 것도 없이 있는 그대로의 모습들이 드러나 있다. 오랫동안 그 속에서 인간으로써의 정을 느끼며 연민의 마음을 가져올 수 있었다.

그래서 먹거리를 가지고 장난치는 뉴스를 보면 몹시 화가 난다. 그들은 최소한의 인간으로써의 정을 나누는 걸 포기하고 산다.

## 문제를 풀고 함께 사는 길

생각으로 인한 괴로움을 불교에선 8만 4천 가지라 한다. 기도를 통해서 그 수만큼 통곡의 강을 건너고 또 건너야 삶의 문제가 해결된다고 하는 것이다. 그래서 모든 종교의 발생에는 여지없이 유명한 강이 등장한다. 물은 하늘나라에서 흘러나와서 인간 세상을 한 바퀴 돌아 다시 하늘나라로 흘러 돌아간다고 믿고 있다.

인간은 생물학적으로도 부모의 정자와 난자라는 두 물방울이 자궁에서 만나서 280일 동안 양수 위에 둥둥 떠 있다가 이 세상에 나온다. 죽으면 영혼은 그 원초적인 기억을 거슬러서 생사의 거센 강을 건너 저쪽 세상으로 넘어가게 된다. 그러므로 우주순환의 원리인 주역 효사의 시작과 끝도 물이 등장하며 동양의 음양오행 철학도 1수(數)인 물에서 시작하고 천지창조의 신도 "물 위에서 움직이시는……"걸로 묘사되고 있다.

그래서 기도는 크고 작은 통곡의 강을 수없이 건너서 현실의 어려운 문제를 해결해 나가게 된다. 이것은 생물학적인 생성과정이 그대로 심리적인 체험으로 나타나게 된다.

  염불은 자기의 근원에서 터져 나오는 지혜의 빛, 곧 에너지가 현실에 드러나게 하는 것이다. 드러난 근본의 힘에 의해서 세상 모든 움직임을 자명하게 이해하고 판단하고 행동을 하게 한다. 그것은 탐욕에 의한 희로애락이 아니며 이타심에 의한 인의예지신을 실천하게 하는 삶이다.
  기도는 절대자의 손을 붙들고 자리에서 일어남이요, 염불은 절대자가 자기를 나타내어 현실적으로 육바라밀을 실천하는 삶이다.

## 무소유한 공간

사람은 조건에 의해서 존재한다. 그의 생각이나 감정 속에는 자기를 지탱해주는 수많은 조건들이 자기를 받쳐주고 있다. 그것은 가족이나 지인들일 수도 있고, 돈과 재물일 수도 있고, 자신을 드러낼 만한 명예나 유무형의 권력에 대한 것일 수도 있다.

많이 지닌 사람일수록 소유한 것을 지키려는 마음에서 주변사람들을 경계하며 강하게 자기의 마음을 붙들어 매게 된다. 그것들이 없으면 자신의 존재가 무너지기 때문이다.

사람들은 탁 트인 바다에 나가면 처음에는 일상의 해방감에서 환호성을 지르며 통쾌감을 느낀다. 그러다가 시간이 좀 지나면 쓸쓸함을 느끼게 되고 서서히 불안 증세가 나타난다. 처음에는 좋았던 감정이 서서히 공포의 마당이 되어 서둘러 집으로 돌아가고 싶은 것이다.

그것은 바다라는 무소유한 공간에 흐르고 있는 에너지 작용 때문이다. 수많은 조건과 스펙을 지닌 것으로 자신을 지탱하는 것들이 바다 앞에서는 하나하나 해체의 과정을 밟게 되면서 생각으로 끌어 모은 자신의 존재감이 서서히 사라져간다.

그 허탈함을 견뎌낼 수가 없다. 마음을 내려놓는 수행을 하는 사람만이 적응해낼 수 있는 허무한 공간인 것이다. 수행자에게는 한없이 무차별한 평화로운 환경이 일반인에게는 탁 트인 공간인데도 견딜 수 없이 외롭고 공포스런 꽉 막힌 공간으로 다가온다.

스님들은 간혹 무문관 수행을 하기도 한다. 좁고 밀폐된 공간 속에 들어가서 오직 자기 혼자와 마주하고 앉는다. 수행의 공력이 없는 사람은 불안과 공포심이 일어나서 정신이상이 발생할 수도 있다.

교도소 독방에 갇히게 되면 하루 벌어 하루 먹고 살던 민초들은 견디기 쉽지만 자기 소유와 스펙에 의지하여 살아온 사람들일수록 이젠 아무런 힘을 쓸 수가 없다는 자괴감 때문에 쉽게 무너져 내리면서 불안과 공포심에 사로잡히게 된다.

심리적 공황상태는 정신이상 증세를 일으켜서 미치거나 자살에 이르기도 한다. 인간이 현실적으로 자기를 지탱하는 힘을 요약하면 몇 가지로 압축된다.

잘난 사람이나 못난 사람이나 할 것 없이 거기서 거기다. 죽음이란 이 세상의 모든 것과 일시에 단절되는 최악의 고통이다. 죽음의 세계야말로 철저하게 무소유한 공간이다. 이 세상에서 자기를 지탱하던 그 하나도 힘이 되어주질 못한다.

그러한 곳으로 떠나는 그 마음은 완전히 미치기 직전이며 공황상태가 와서 헛것이 보이고 헛소리가 들리고 불안과 공포심이 일어나게 된다.

수행이란 어떤 경우에서라도 자신이 홀로 살아있을 수 있는 마음을 기르는 것이다.

자신이 중요시하는 모든 것이 일시에 사라진다 해도 초연한 마음으로 웃음 지을 수 있는 사람으로 만들어준다. '있어야만 살아있는 것'이 아니라 '없어도 더욱 더 생생하게 살아있는 자기'가 되는 길이 마음공부를 통해서 열린다.

# 보살의 마음 씨

보살의 마음 씨, 그것은 오직 중생의 행복을 위해서만 뿌려진다. 마음이라는 거울에 무엇을 비추느냐에 따라 생각이라는 싹이 터져 나오고 행동이라는 줄기와 가지를 뻗어 나오게 한다. 이어서 생활이라는 무성한 잎을 펼쳐내서 희로애락이라는 꽃을 피우고 얻기도, 잃기도, 일어나기도, 기울어지기도 하면서 엎치락뒤치락하며 사는 것이 인생이다.

인간의 행복과 불행이라는 현실의 문제는 맨 최초 어떤 생각을 뿌렸느냐에 달려 있다. 그리고 그 생각은 마음이라는 거울에 무엇을 비추었느냐의 문제이다. 즉, 무엇을 보고 듣고 맡고 먹고 말하고 느끼고 생각했느냐이다. 중생은 이러한 구조 위에서 삶을 만들어간다.

보살은 이러한 구조를 이해하여 일어나는 생각을 내려놓고 비우는 과정을 통해서 미리 그 결과 발생을 차단시켜버린다. 중생에게는 이러한 구조를 이용케 해서 이로운 결과를 만들어주기도 한다.

기도는 마음이라는 거울에 생각의 씨를 뿌리는 작업이다. 명상이란 이마저도 내려놓은 것을 말한다. 보살이란 끊임없이(이 세상이 없어질 때까지) 자기를 내려놓고 중생을 위해 기도하는 사람을 말한다.

왜 명상하고 기도하는가에 대한 명확한 개념이 서 있어야 한다. 인생 100년을 산다 해도 매일매일 몸 망가트려가며 속상해하면서 치열하게 전투적으로 살아도 결국은 다 놓고 가야하는 인생이다.

'보살'처럼 살다가는 것이 마음을 행복하게 쓰다 가는 것임을 알아야 한다. 거울을 보면서 나를 바라보는 사람들이 내 얼굴에서 평온함과 행복함을 느끼는지 아니면 불편함과 불행함을 느끼는지 수시로 자기점검을 하면서 살아가도록 하자.

# 우리의 인사법

인사법에도 여러 가지 말들이 있다. 오늘날 우리가 사용하는 인사말은 불안한 시절을 살아나오면서 만들어진 '밤새 안녕하셨는지요?'가 줄어서 된 '안녕하세요?'이다. 한국인의 우울했던 지난 역사를 고스란히 담고 있는 말이다.

불자들은 '성불하세요!'가 인사말인데 이걸 그대로 교인들의 인사말로 옮기면 '구원받으세요!'가 될 것이다. 그러나 인간의 참 마음인 본성은 해탈과 구원을 받을 것이 없다. 단지 해탈이나 구원되어 있다는 사실을 인식하지 못할 뿐이다.

그래서 알고 보면 인간은 본래부터 행복한 존재인 것이다. 저는 만나는 사람들에게 '행복하십니다!'로 인사말을 건네기를 주저하지 않는다.

부모님을 봬도 '행복하십니다!' 부부 간에도 '행복하십니다!', 자식을 봐도 '행복하십니다!', 윗사람이나 아랫사람을 봐도 '행복하십니다!', 친구나 이웃을 봐도 '행복하십니다!'라고 참 마음을 일깨워주는 인사말을 우리 모두 실천했으면 한다.

무거운 삶의 무게에 지쳐서 하루하루 살아가지만 인간의 참 마음은 어디에도 걸리지 않는 바람처럼 자유롭고, 아침 햇살처럼 해맑고, 세상을 품은 하늘처럼 크고 높고 넓은 위대한 것이다. 그래서 이 땅에 살아 숨 쉬고 있는 그 자체만으로도 행복한 것이다.

인도인의 인사말은 '라마스테'로 '당신 안에 계신 거룩한 님에게 경배드립니다.'라는 뜻이다. 티베트인의 인사말은 '상그렐라'로 '당신 안의 해와 달'이라고 한다. 미국인은 인사말 맨 앞에 '굿'이라 하여 '좋은'이라는 뜻을 두고 있다.

그에 비하여 우리 인사말은 오래전 암울한 우리 역사의 산물인 인사말을 지금까지 사용하고 있다. 국민의 자존심을 나락으로 떨어뜨리는 인사말을 바꾸자는 사람은 없는 것 같다.

이제는 과감히 버리고 자존감을 높이고 희망과 기쁨과 용기를 주며 상호 존중 속에 긴밀히 화합할 수 있는 인사말로 대체시켜야 한다.

각 종교의 이상, 철학적 사색의 끝, 정치의 목적과 이상적인 인간 삶의 모습을 아우르는 '행복하십니다!' 인사말을 모두들 실천하기를 바라본다.

어느 백화점 앞에서 안내하는 직원이 "고객님 어서 오세요. 참 행복하십니다!"라고 인사를 한다면 그 고객의 마음이 기분 좋지 않을까? 백화점 입장에서는 '당신이 우리 백화점을 이용하는 것은 당신에겐 행복한 선택인 것이며 그래서 축하드린다는 뜻이다. 그리고 머무는 동안 즐거운 쇼핑을 맘껏 즐기세요.'라며 고객 기분을 최상으로 높여주는 말이 될 것이다.

아침에 출근하는 남편을 현관문까지 배웅 나온 부인이 남편을 향해서 "행복하십니다!"라고 한다면 현실이 아무리 힘들어도 '행복한 사람'이라는 긍정 마인드를 갖지 않을 수 없게 된다.

자기 옆에는 행복을 노래하는 부인이 있고 자기가 챙겨줄 수 있는 자식이 있고 간혹 거실 한켠에 놓여 있는 화분에 물을 뿌려줄 수 있고……. '그래 난 행복한 사람이야!'라고 쉽게 마음을 밝은 쪽으로 고정시킬 수 있을 것이다.

동네 육교를 지나갈 때면 그곳에 구걸하는 거지가 죽을죄를 지은 것처럼 엎드려 있다. 난 지나칠 때마다 천 원을 통에 넣어주면서 "행복하십니다!"라고 인사를 건넨다. 처음에는 쳐다보지도 않던 그가 언제부터인지 "행복하십니다!"라고 인사를 건네면 고개를 들며 방긋 웃는 것이다.

아마도 처음에는 '별 미친 놈 다 보겠네!' 하면서 욕이라도 하고 싶었을 것이다. 구걸하고 있는 거지에게 '행복하십니다!'라고 했으니 저주하는 것도 아니고 속이 엄청 상했을 것이다. 그러나 그는 이제 "행복하십니다!" 하고 지나가는 내가 기다려질 것이다.

나는 거지에게 유일하게 말을 건네는 사람, 행복을 이야기하는 사람으로 마음속에 새겨져 있을 수도 있다.

"여러분은 참으로 행복하십니다."

# 살아있어도 죽은 목숨

살다보면 누구나 12년에 한 번씩 무덤에 들어갈 인연을 만나게 된다. 이 시기는 죽고 싶을 정도로 고통을 느끼게 하는데 그것이 사람일 수도, 돈일 수도, 사건사고일 수도, 병일 수도 있다. 그 고통의 정도가 심각하여 살아있으나 죽고 싶을 정도로 괴롭다. 무엇으로 나타나든지 지금까지 자기와 연관된 인연이 끊어지고 홀로 고립되게 된다는 사실이다.

설사 주변에 사람들이 있다 해도 고통스런 마음을 누구와도 나눌 사람이 없어서 스스로 고독의 성을 쌓고 외부와 단절되어 있는 것이다.

죄 짓고 교도소에 갇히든지,
병 때문에 병원에 입원하든지,
사업에 실패하고 은둔자처럼 지내든지,
도시생활을 접고 조용한 시골로 정착하든지,
죽어서 무덤에 묻히든지,
해외로 나가든지,

기도원이나 선방에 묻혀 지내든지,

사회성이 없는 집단이나 사이비종교에 빠져 지내든지, 심한 우울증에 빠지거나 정신이상 증세를 보이든지 한다.

어려운 운을 견뎌 나가기 위해서는
음식을 적게 먹거나,
호화로운 옷을 입지 않고 남루한 옷을 입거나,
상석을 피하고 항상 낮은 자리에 앉거나,
무릎을 자주 꿇고 생활하거나,
부처님께 자주 엎드려서 절을 많이 하거나,
땅이나 바닥에 온몸을 자주 밀착시켜서 흙먼지를 많이 묻히고 지내거나,
된장, 고추장, 짱아지 같은 항아리(사람이 죽어 묻히는 무덤처럼 생겼다)에서 발효시킨 식품을 많이 먹거나,
인연된 사찰에 가서 먼저 가신 조상들 천도재를 올리는 등의 생활방식의 변화를 가져봄도 좋다.

## 업도 자기 자리로 돌아가야

　업이 일어나는 것은 원래 발생한 지점으로 돌아가서 맺힌 마음을 풀어내려는 몸짓이다. 선행은 선행으로 악행은 악행으로 돌아가려고 한다.
　이때 바라보는 마음으로 지켜보면 햇볕에 눈발이 허공중에서 사라지듯, 흐르는 물에 일어나는 물거품이 흐르는 물속에서 사라지듯 없어져 버린다. 왜냐하면 업이란 실체가 없는 조건의 화합물이기 때문에 조건을 해체시켜 버리면 업도 사라지기 때문이다.

　업의 일어남은 견성한 도인이라도 그냥 넘어가지 않는다. 한 번은 일어나는 것을 알아차림 하는 과정에서 해체시켜야 한다.
　수많은 생 동안 쌓아온 업의 먼지와 때들은 아랫배 깊숙이 축적된 담적痰積처럼 마음의 밑바닥에 쌓여있으면서 드러날 때를 기다리고 있는 것이다. 인연 따라 일어나는 번뇌와 망상의 아지랑이들을 허공중으로 날려 보내야 한다. 하나하나의 생각이라는 중생들도 본래의 텅 빈 자리로 돌아갈 날을 손꼽아 기다리고 있는 것이다.

# 습기는 항상 제거해야 한다

　탈수를 끝낸 세탁물의 상태를 보면 세탁물들은 주변으로 흩어져 있고 가운데는 공한 상태가 드러나 있다. 세탁물이 먼지와 때를 빼내는 과정을 체험한 것은 본래무일물 本來無一物한 맑고 밝은 상태를 회복한 것과 같다. 이것이 바로 번뇌와 망상을 제치고 텅 빈 참 나를 드러나게 한 견성의 모습에 비견된다 할 것이다.

　세탁물을 세탁기에 넣고 때를 씻어내고 탈수시켜 세탁을 끝냈다 해서 옷을 그대로 입을 수 있는 것이 아니다.
　옷에는 여전히 습기가 묻어 있어서 그대로 놔두면 이전보다 더욱 쉽게 먼지와 때를 타서 걸레가 될 수도 있는 것이니 주저치 말고 햇빛에 옷들을 널어서 습기가 날아가도록 해야 한다.
　다겁생에 생각과 감정들이 무의식 속에 깊이 뿌리박고 그 처음 상태로 돌아가서 맺힌 마음들을 풀어내려고 인과응보의 시기를 기다리고 있는 것이니 이를 지혜의 빛으로 비춰서 습기를 증발(실체 없음을 낱낱이 확인하는 과정을 통해서 해체시킴)시켜야 한다.

　이는 마치 다이아몬드가 박혀있는 원석을 발견하여 다이아몬드와 돌 성분을 가려낸 후에 돌은 버리고 다이아몬드는 분리시켜내야 비로소 우리가 원하는 제품으로 가공해서 실용화시킬 수 있는 것과 같다.
　참 나의 성품을 발견했다 해서 마음공부가 끝난 것이 아니라 참 나의 성품을 가리고 있었던 미세한 번뇌와 망상들을 다스려내는 점수의 과정을 거쳐야 비로소 성불한 도인, 구원받은 하늘사람이 되는 것이다.

## 부처는 홀로서 계신 분

모든 기대를 다 버리고 나 홀로 살아있어야 한다. 그렇게 하면 자신의 주변에 있는 모든 것, 그대로가 즐거울 뿐이다. 인간의 외로움, 우울함, 절망, 분노, 폭력, 강도, 살인, 무관심, 자살 등은 기대감의 상실에서 오는 굶주린 마음이 만들어낸 것이다.

우리는 이 세상에 처음 올 때, 맨몸으로 왔다. 그리고 마지막 돌아가는 모습도 맨몸으로 돌아간다. 그런데 마음은 무거운 바윗덩이를 몇 개씩 짊어지고 살듯이 한다. 우리의 삶을 힘들게 하는 바윗덩이들을 내려놓아야 한다.

그것은 이 세상에 대한 모든 기대를 버리고 나 홀로 당당하게 서는 것이기도 하다. 부처님은 천상천하유아독존 天上天下唯我獨尊이라 하셨다. 나 홀로 당당히 섰다는 선언이다.

이제 며칠 있으면 부처님 오신 날이다. 그날을 기념하며 우리 당당히 홀로서기를 하여 보자.

돈이고 학벌이고 직업이고 잘 나고 못나고 젊고 늙고 상관하지 말고 홀로 당당히 서는 연습을 하여 보자.

행복을 위한 수행이란 비교하고 분별하는 생각을 멈추고 마음을 허공처럼 텅 비게 하는데 있다. 그래서 평소에는 평정심 속에 건강하고 안락하고 행복하게 지내다가, 자신의 역할을 필요로 하는 상황이 발생하면 사랑과 연민의 정으로 다가갔다가, 일을 마치면 다시 자기 혼자의 자리로 돌아와서 평정심 속에 머물면 되는 것이니 이걸 수행생활이라 한다.

## 자녀의 반항에 대하여

자녀의 반항은 부모로부터의 분리(독립)를 알리는 의미이다. 자식 위에 군림하며 호령하는 부모가 되기보다는 커가는 자식의 조언자, 지원자 역할로서 남아 있도록 하여야 한다.

순종적이던 자녀가 어느 순간 반항적이 될 때 충격 속에 좌절하며 눈물지을 필요가 없다. 그것은 소유개념이 깨어지면서 오는 심리적 자괴감이다. 봄에 씨 뿌려 여름에 가꾸면 가을에는 당연히 열매가 열려서 나뭇가지에서 떨어져 나가는 독립, 분리, 이탈, 고독의 순간이 온다.

그것은 아픔을 동반한 슬픈 일이기도 하지만 자녀들의 반항은 더 이상 철부지가 아니라는 자기표현이라 할 수 있다.

가을이 되면 머지않아 겨울이라는 추위가 몰아칠 텐데 그때까지 나뭇가지에서 분리(홀로서기로 부모의 보호망을 찢고 벗어나는 것)하지 못하고 본 가지에 붙어 있다가는 얼어 죽는 열매가 되고 만다.

농부는 씨를 뿌릴 때 그 결실, 곧 열매를 본줄기에서 분리시켜 독립시킬 것을 함께 생각한다. 그러므로 자녀들의 반항은 독립된 개체로 홀로서기를 알리는 축하할 일이라 할 것이다. 자식을 독립시켜 홀로서기를 하도록 해야 하는 시기에 때를 무시하고 마냥 치마폭에 감싸고 들면 자식으로서 도리를 다하고 사회적 책무를 당당히 책임지고 나가는 대장부가 될 수 없다. 그리고 그 폐해는 고스란히 부모 자신이 받게 되는 업보가 된다.

20세가 넘어서 대학에 진학할 나이가 되면 책 속에 글만 배우는 것이 아닌 세상을 함께 배워 익히며 적응하는 연습을 하도록 해야 한다.

자식의 반항, 그것은 홀로서기의 표현이며, 신체적·감정적·정신적인 변화의 폭이 급작스럽게 일어나면서 자신이 감당해 내기 어려워서 적응하려는 몸부림일 수 있다. 이제 자식을 현실 무대 위에 세워 두고 냉정하게 평가를 해야 하는 시기이다. 둥지를 벗어나기 위해서 날갯짓을 하도록 허용해야 한다. 설사 실수가 따르더라도.

## 행복은 이미 주어진 것

세상을 살다보니 행복도 불행도 자기 마음먹기에 달렸더라. 그냥 크게 마음 비우고 웃으며 살도록 하자. 세상 살아보니 자기 마음 쓰는 대로 끼리끼리 모여 살다가 죽더라.

현직 대통령이라 해도 전직 대통령이라 해도 재벌이라 해도 "오늘 행복했습니까?"라고 물으면 "네, 행복했습니다."라고 대답할까? 살아 있는 목숨은 하루살이든 백년을 산다는 인간이든 다 같더라. 삶의 규모나 높이에 따라서 행복과 불행이 정해지지는 않더라.

의상대사는 "하나의 먼지 속에 우주가 들어있다."고 하였다. 하루살이는 인생 100년을 하루에 살다 가고 인생은 하루살이를 100년 동안 늘려서 살다 가는 시간의 길이만 다를 뿐이다.

포장을 크게 하고 작게 하든, 길게 하고 짧게 하든 내용물은 똑같아서 보이는 것이 다가 아니라는 사실이다. 그 포장 안에 행복의 마음을 담았느냐 아니면 불행의 마음을 담았느냐의 차이이다.

 부처님의 말씀은 마음을 비우고 "나는 행복하다!"라고 하면 즉시 행복하고 온갖 것을 끌어안고 "나는 불행하다!" 여기면 불행하다는 것이다.

 이제껏 자기 인생 자기 마음대로 만들어 왔듯이 지금 마음을 사용하는 대로 자기 인생이 펼쳐지는 것이다. 자기를 힘들게 하는 마음들, 지금 당장 놔 버리라. 그리고 남이 던져준 삶 살지 말고 자기 식대로 살아보라. 그럼 편안해질 것이다.

# 빠르면 운동 느리면 명상

요즘 세상은 '빨리빨리' 속도전을 방불케 한다. 학생은 공부를 가지고, 직장인은 업무를 가지고, 사업자는 실적을 가지고, 수도하는 사람들은 도통을 가지고, 어느 분야 어느 사람이든지 속도전에 참여하고 있다.

입는 것도 유행인지 갈수록 몸에 걸치는 시간이 짧아지고 있다. 한 벌에 수십 만 원, 아니 수백 만 원까지 하는 고급 옷들이 몇 번 입어보지도 않고 옷장에 고이 모셔져 있는 경우가 많다. 은행 금고에 넣어둔 현금이나 금덩어리면 모를까 쌓아 두어서 좋을 게 없다.

매일 먹는 음식도 천천히 씹어 먹을수록 보약이 되지만 대충 씹어 식도로 넘어간 음식물은 소화 흡수와 배출에 문제를 일으킨다. 그래서 장속에 남겨진 부패한 음식 찌꺼기가 똥이 되어 발생한 독성은 몸의 세포들을 산화시켜서 만병의 원인이 된다.

입 안에서 천천히 씹힌 음식물은 침과 섞이어 위장에 들어가면 소화를 완전히 하게 되고 흡수와 배출이 깨끗하게 이뤄져서 음식물로 인한 부작용이 생기지 않는다.

주방에서 설거지를 할 때 대충 씻으면 그릇에 불순물들이 묻어있어 깨끗지 못하다. 그 그릇에 다시 음식을 담아 먹는다면 위생에 좋을 게 없다.

내쉬고 들이마시는 호흡도 드나드는 숨을 천천히 음미하는 시간이 필요하다. 그냥 들이마시고 내쉬는 것은 한마디로 에너지 낭비다.

드나드는 숨을 잠시만 지켜보면 들이마시고 내쉬는 숨이 단순히 공기가 아니라 자신의 몸을 살리고 정신을 살리고 마음을 살리는 기운임을 느끼게 된다. 마찬가지로 절을 할 때 한 동작 한 동작 천천히 움직이면서 그 움직임에 마음이 함께하게 되면 우리 몸과 정신과 마음이 마치 한 송이 연꽃이 피어나듯이 깨어난다.

깨어남은 새롭게 살아나는 것이다. 몸은 기운에 충만하고 정신은 맑아져서 안정되고 마음은 밝아 지혜로워진다. 그래서 가능한 천천히 움직이면서 그 움직임과 함께하는 만남의 시간이 길어져야 한다.

바로 서서 걷는 것도 마찬가지다. 인체의 정중선에 힘의 중심이 머물러 있는데, 마음이 그 움직임과 함께하면 마음이 '중심'에 머물게 된다. 이 훈련에 익숙해지게 되면 일상생활 속에서 눕고 앉고 서고 걷는 속에서도 깨어있는 사람이 된다.

존재의 중심, 그것은 건강과 평안과 지혜의 원천이다. 일상의 모든 피로를 풀고 휴식에 들게 하여 에너지의 재충전이 이루어지게 한다.

## 절에 대하여

부처처럼 앉고 걷게 되면 몸과 정신과 마음이 중심中心으로 돌아오게 된다. 중심으로 돌아온다는 것은 힘의 중심, 곧 에너지의 중심점에 마음이 함께한다는 뜻이다. 에너지가 분산되면 정신도 함께 분산된다.

정신이 분산된다는 것은 온갖 생각에 꺼둘리는 것이기도 하다. 그러므로 번뇌와 망상이 많다는 것은 마음이 사분오열되어 있다는 것이고 이는 중심에서 벗어난 것이 된다.

선가에서는 마음을 '현재에 머물게 하라!'는 말씀이 있다. 이는 에너지가 분산되지 않고 정신이 그 가운데 머물면 중심中心이 확보되고 스스로 마음의 빛이 드러나게 된다는 뜻이다.

마치 왕(바라보는 마음)이 용상에 앉으면 좌우에 문무백관(드러나는 마음, 생각하는 마음)이 엎드려 명(육바라밀)을 받들어 모시는 것과 같이 자신이 존재계의 중심으로 우뚝 서게 되니 이를 천상천하유아독존天上天下唯我獨尊이라 한다.

참선체조는 몸과 정신과 마음이라는 세 가지를 통합적으로 관리하여 그 중심을 확보하는 운동법이다.

몸과 정신과 마음이 제 기능을 다하면 태극(O)이라는 형상을 띠게 된다. 불가에서는 이를 일원상─圓相이라고 하여 둥그런 도형으로 표현하고 있다. 몸과 정신이 그 본래의 기능을 다하여 작동하면 에너지의 흐름이 원만한 S라인을 이루며 마음은 현재, 이 순간에 머물게 된다. 그것이 일원상─圓相의 상징인 'O'의 라인이다.

'부처처럼'이라는 것은 우리가 일상생활 속에서 앉고 걷는 법에 대한 이야기다. 육교나 길거리에 중죄인처럼 엎드려 동전을 구걸하는 거지의 모습을 상상해 보라. 죽어 땅에 묻히면 누구나 바로 누워서 묻힌다. 죽어 땅에 묻히기 직전의 모습을 하고 땅 바닥에 바짝 엎드린 그 모습이 바로 거지의 모습이다. 한마디로 거지의 모습은 몸과 정신과 마음의 중심성이 사라진 죽음의 그림자가 드리워진 사람이며 살아있어도 죽은 것이나 다름없다.

스스로 거지가 되어 구걸하여 먹고 사는 출가 수행자들은 절대 권력자인 천자 앞에서도 머리를 조아리지 않았다. 그것은 자기가 천자보다 잘났다는 것이 아니라 진리의 절대성을 이렇게 당당하게 나타냈던 것이다.

우리는 태어나서 죽을 때까지 앉고, 서고, 걸어 다닌다. 그런데 안타까운 것은 앉고, 서고, 걷는 법을 제대로 알지 못한 채 그저 대충 움직이고 있다.

이로 인하여 발목-무릎-고관절-골반-허리-등-어깨-목까지 비정상적인 변형을 가져와서 각종 질병에 노출되어 있고 실제 많은 사람들이 질병을 앓고 있는 것이 현실이다.

참선체조 97동작 중 그 첫 번째에 실려 있는 절 체조법은 나머지 96동작의 머리에 해당하며 모든 동작을 실천했을 때의 효능을 포함하고 있기도 하다. 절 체조법만 정확히 익혀 실천해도 평생 여러분의 건강을 관리하는데 산삼보다 나은 효과가 있을 것이다.

이 절 체조법을 정확히 알아야만 정확히 설 수 있고 정확히 설 줄 알아야만 정확히 걷는 법을 실천할 수 있다. 그러므로 부처처럼 앉고, 서고, 걸어 다닐 수 있게 하려고 절 체조법을 참선체조 1번 동작으로 실어 놓은 것이다.

앉고 서고 걷는 법만 정확히 알아도 몸과 정신으로 발생할 수 있는 질병의 대부분을 예방하고 극복해낼 수 있다는 것을 말씀드린다.

# 마음의 반사작용

우리가 현실적으로 겪는 고통, 즐거움, 불행, 행복은 모두 내 마음 속에서 일어나는 감정이다. 내 안의 생각이라는 씨가 마음이라는 꽃밭에 떨어지면 그것은 언젠가는 현실이라는 무대에 그대로 꽃피어 나타난다.

그 결과는 다시 자신의 마음이 받게 되어 기쁨 또는 고통으로 다가오게 된다. 그러므로 내 마음을 어떻게 사용하는가의 문제가 중요하다. 부처님 말씀의 핵심은 모든 것이 마음으로 만들어지고 있다는 것이다.

내 건강, 부모 형제, 부부 자식 그리고 친구 사이, 직장에서의 상사와 부하직원의 관계 등등이 바로 내 자신이 언젠가 뿌려놓은 씨앗들이 꽃들로 피어난 결과들인 것이다. 뿐만 아니라 나의 몸매나 얼굴 생김새(이목구비) 하나까지 마음 씀씀이의 결정체라는 사실을 알아야 한다.

이것은 마치 거울에 사물이 비추는 대로 거울은 반사해서 그 모습을 드러내주는 것과 같고 필름에 찍혀 있는 대로 사진을 현상하면 그대로 드러나는 것과 같은 '반사작용' 때문에 그렇다.

몸에 상처 입은 것이 덧나면 고통스럽다. 이때에는 그 상처 부위를 덜어내 버려야 한다. 그러면 상처 입은 부분에 새살이 차오르면서 내 몸을 새롭게 만들어 준다. 내 마음속에 온갖 생각이나 감정들이 지금까지 내 자신을 힘들게 했다. 그걸 덜어내(놔버림) 버려야 한다.

나의 마음을 챙겨보는 것으로 우리는 지난 아픔을 떨쳐버리고 행복한 마음들로 다시 태어나게 된다. 내 마음과 몸에 고통이 있다면 관심을 갖고 바라보라. 이것이 고통으로부터 벗어나는 치유의 길이며 두려움과 절망에서 벗어나는 길이다.
단지 일어나는 몸의 상황과 감정 상태를 바라보며 챙겨보는 것만으로도 몸이 건강해지고 마음이 평화롭고 행복해진다.

## 움직임과 함께하면 마음 문이 열린다

호흡을 지켜보며
호흡을 느껴라!
걸음과 함께하며
걸음을 느껴보라!
상대와 대화할 때는
상대의 말에 귀 기울이며 그 감정을 느껴보라!
상대와 함께 있을 때는
상대를 내 몸과 같이 여기며 느껴보라!
이것이 문제 해결의 길이다.
이것이 관계 개선의 길이다.
이것이 수많은 인생사를 푸는 길이다.

걷기 명상 수련할 때는 걷는 그 순간의 왼 다리와 오른 다리의 느낌, 왼 발바닥과 오른 발바닥이 바닥에 닿을 때의 느낌을 하나도 빠트리지 말고 다 느끼도록 해야 한다.

　자신의 몸이 움직이는 순간에 마음을 집중하는 훈련이 생활 속에서는 상대와 소통하는 능력으로 나타나게 된다.
　부처님의 수행법 중에 '몸 가는데 맘이 함께하라'는 것은 마음 가는데 몸이 가는 것은 제약이 있지만, 몸 가는데 맘은 제약 없이 갈 수 있기 때문에 몸의 움직임을 챙기는 것으로 수행의 핵심을 삼았다.
　몸 가는데 마음이 함께하는 연습(수행)을 하다보면 자신의 건강, 감정, 생각, 생활에 놀라운 변화가 일어나기 시작한다. 그래서 몸의 혁명, 감정의 혁명, 생각의 혁명, 너와 나라는 사람들과 관계에서 혁신적인 변화들이 일어나게 된다.

　내 자신의 마음이 비워진 그 텅 빈 공간에 상대를 품고 세상을 품어 안고 챙길 수 있는 에너지가 생기게 된다.
　지금까지 자신의 생각과 기분과 욕심을 먼저 챙기던 것에서 벗어나서 상대의 생각과 기분과 바람을 먼저 챙겨주는 변화된 나로 바뀌게 된다. 그러므로 걷는 것을 단순히 걷는 것으로 생각하면 안 된다. 부처님이 걸으셨던 이 걷기 명상을 계속하게 되면 내 몸, 감정, 의식, 생활이 부처님처럼 변하게 된다.
　마음은 깨끗해지고 평화로워지며 행복한 마음이 흘러 넘쳐 주변을 적셔주게 된다. 단지 걷는 연습만 하였는데 이처럼 큰 변화가 일어난다는 것이 신비로움이다.

## 심뽀(心包)를 풀고 단전을 풀어라

감정이 뒤틀리고 속이 상하고 화가 치미는데도 이를 풀어내지 못하고 억누르다 보면 심장의 주요 혈(穴)인 전중혈(前中穴)(젖꼭지 사이의 중앙)이 막혀 버리게 된다. 심장에 기를 전달하는 통로 역할을 하는 이 혈이 막히면 심혈관계나 순환기계 그리고 신경정신과적인 병증이 나타난다. 신경성 소화장애로 위나 대장이 불편하고 우울증, 분노, 불면증, 불안증세 등이 나타나며, 성격장애로 인해서 학생은 불량 청소년이 되기도 하고 성인은 분노조절이 안 되어 폭력적이 되며 심하면 범죄 인생이 되기도 한다.

이 모두가 에너지의 흐름이 막혀서 심뽀(心包)가 뒤틀려 '고약한' 사람이 되어 있는 것이니 감정과 마음의 왜곡증세를 풀어내서 꼬여있는 성질을 순화시켜야 한다.

참선체조에서는 전중혈, 명치, 횡격막, 중완, 배꼽, 단전으로 이어지는 정중선 라인을 풀어서 문제를 해소하도록 하고 있다. 그 방법을 말씀드리겠다.

> **동작해설 1**
> ① 자리에 편히 누워서 두 손을 깍지 끼고 양 젖꼭지의 중심 부위를 두드려 준다.
> ② 두 손 끝을 모아서 명치 부위를 내쉬는 숨에 맞춰서 3~5초간 천천히 눌러주기를 수 회 반복한다.
> ③ 중완, 배꼽, 단전 부위를 가볍게 주먹을 쥐어 두드려준다. 그리고 배(꼽) 볼을 이용하여 배 전체를 골고루 풀어주는데 특히 횡격막을 충분히 풀어주도록 한다.

이 운동으로 아래로 쳐진 내장이 제 위치를 찾아가고 내장의 활동이 촉진되면서 막혔던 숨길을 열어준다. 단전이 열리면 몸과 맘이 안정을 찾고 상쾌한 기분을 얻게 된다. 이 자리가 막히면 가슴호흡을 하며 아래로 내려가는 숨길이 막혀서 기진맥진한 상태가 되고 혈액순환이 안 되어 몸이 차갑고 입맛이 없으며 매사에 싫증을 쉽게 느낀다.

단전치기가 끝나면 전중혈을 풀어주고 만세 삼창을 해서 어깨까지 기가 유통되도록 해주는 것도 좋다.

건강을 챙기고 마음수련을 하는 입장에서 양 젖꼭지 중앙인 전중혈을 풀어주는 것은 아주 중요하다. 고혈압, 심장병, 갑상선, 기침, 가슴답답(스트레스), 호흡곤란 증세가 해소되고, 만세 삼창을 해주면 오십견이나 어깨와 손 저림 현상이 해소된다.

**동작해설 2**

① 반가부좌로 앉거나 다리를 어깨너비로 벌려 바로 선다.

② 시선을 상방 15°에 두고 숨에 신경을 쓰지 말고 주먹 쥔 양손을 번갈아가면서 단전을 가볍게 두드린다.

③ 양손을 주먹 쥔 상태에서 가슴 중앙 부위 전중혈을 가볍게 두드려서 풀어준다.

④ 두 주먹 불끈 쥐어 머리 위로 뻗어 올리면서 만세 삼창을 한다.

# 볼 마사지에 대하여

　음식물을 보관하는 냉장고에 유통기한이 지난 많은 음식물들이 소비되지 않은 채 방치되어 있는데 또 다시 새로운 음식물을 집어넣어 뒤섞으면 냉장고 안이 온통 부패한 균들로 득실거리게 된다.

　습담濕痰이 우리 몸에 어떤 영향을 미칠까? 우리 몸에 들어온 음식물이 부패하여 체내에 축적되면 지방이 되어 끈적끈적한 물질로 변해서 혈관 벽에 쌓이게 되는데, 그렇게 되면 혈관이 터지거나 혈액의 흐름을 방해하여 오장육부의 장부와 각종 기관들이 영양실조 상태가 되고 산소 부족 상태가 되어 여러 가지 병에 노출되는 것이다. 특히나 혈액의 70%가 하체에 몰려 있으므로 아랫배의 관리가 중요한 이유가 여기에 있다.

　참선체조에서 사용하는 배 마사지 볼을 사용하게 되면 체내에 축적된 습담濕痰을 풀어내어 체외로 배출시키는데 크게 도움이 되고 각종 병을 예방하고 치유하는데 도움이 된다.

실제로 비만과 여러 가지 질병으로 고생하고 망가진 몸매로 우울해 하시는 불자들이 공 마사지 운동을 시작한 이후 얼마 지나지 않아서 건강을 회복하여 변화된 단정한 몸매로 변신한 자신을 보고 놀라워하는 것을 많이 목격하게 되는 것은 그만큼 이 운동의 효과가 크다는 것을 증명하는 것이다.

중완혈中脘穴을 지속적으로 자극하면 위염, 식체, 소화흡수, 내분비기능 촉진 효과가 있으며 습담濕痰을 제거하는데 효과적이다. 마사지 볼의 무게가 7kg에 해당하므로 바로 편안히 자리에 누워 볼을 중완혈中脘穴 위에 올려놓고 상하좌우로 가볍게 움직여주면 볼의 무게에 의하여 깊은 자극이 일어나게 된다.

배에 힘을 빼고 입으로 '후~' 소리를 내면서 체내의 탁한 기운을 뿜어낸다고 생각하면 된다. 중완혈中脘穴 자극하기를 포함하여 배 전체를 자극하는 시간은 1회 20분으로 하는 것이 좋으며 하루 2~3회가 좋다.

손가락으로 자극할 때에는 양손 끝을 모아서 명치를 자극하는 것부터 실시하도록 한다. 동의보감에서는 십병구담十病九痰이라 하여 10가지 병 중 9가지가 담에서 비롯된다고 주장하고 있다. 한의학에서 말하는 담痰에는 풍담風痰, 기담氣痰, 열담熱痰 등 다양한 종류가 있는데 그 중 습담濕痰은 비만과 관련이 있다고 보며 말 그대로 '습한 기운이 담처럼 쌓인 것'을 의미한다.

우리 몸속에 있는 비장은 영양소를 공급하고 각종 노폐물을 배출하는 역할을 담당하는데 비장에 문제가 생겨 불필요한 지방이나 수분을 배출하지 못하면 습담濕痰이 되어 몸 안에 축적된다고 한다.

습담濕痰은 지방으로 뭉쳐지는 성질이 있기 때문에 식이요법이나 운동만으로는 쉽게 배출되지 않는다. 그래서 여러 가지 운동법을 열심히 실시하고 있는 분들도 습담濕痰이 해소되지 않아서 고민이라고 하소연한다.

한의학에서는 습담濕痰의 원인인 비장을 치료하지 않으면 다시 쌓이는 악순환이 되풀이된다고 하는데 그러나 배 마사지 운동법만으로도 습담濕痰을 해소하여 큰 도움을 받을 수 있다.

## 명상에 대하여

　명상 수행이란 정신기능을 사용하여 자기 본 모습에 대한 통찰을 하는 수단이다. 물을 항아리에 부어 놓으면 무거운 이물질은 아래로 침전하고 가벼운 것은 위로 뜬다.

　현상이란 동動과 정靜으로 움직이고 있는데 동動이란 물질적이요, 정靜이란 정신적으로 나눠있을 뿐 움직임은 계속되고 있다. 정신작용이란 물질이 미세하고 정교해진 것이라 할 것이다. 그러므로 물리와 심리는 존재의 양면성으로 본질에서는 함께 만나게 된다.

　존재의 본 모습에 가까이 갈수록 움직임은 고요해지고 섬세해지며 정교해진다. 명상 수행의 효능은 몸과 맘의 독소를 위로는 번뇌와 망상으로 아래로는 오줌과 땀으로 배출시키며, 호흡을 통해서는 탁한 기운을 밖으로 배출시켜 몸과 맘을 청정한 가운데 밝은 기운이 충만하게 만드는 과정이다.

그러므로 수행은 몸과 맘의 치유과정이며 반드시 건강과 평안한 마음이 따르는 것이다. 명상생활을 오랫동안 하게 되면 각종 질환으로부터 해방되고 자기만족을 알면서 이웃과 더불어 행복한 기운을 나누며 살게 되며 자연스럽게 보살행으로 이어지게 된다. 열심히 수행하셔서 머무는 곳마다 존경받는 꼭 필요한 사람이 되길 바란다.

# 명상의 필요성

　우리는 모든 집착으로부터 벗어나 괴로움을 여의고 행복해지는 명상 공부에 대하여 알아야 한다. 부처님 가르침에 의지하며 마음속 길을 따라 들어가는 명상을 할 수 있음은 축복이 아닐 수 없다.
　명상을 통해서 마음속 길을 잘 길들여야 밖으로 자비를 실천할 수 있게 된다. 명상 수행을 통해서 내면의 길인 수행과 외면의 길인 보살도를 함께 열어갈 수 있게 된다. 마음 길이 막혀 있는 사람은 사랑이나 자비의 마음이 싹트지 않는다.

　불교는 부처님이 깨달으시고 말씀하신 내용들로써 하나같이 '삶을 바라보는 시각을 바꾸라'고 강조한다. 예수님이 영혼을 구원받아 천국에 가려면 자신이 전하는 '말씀'을 믿으라고 강조하셨다면 부처님은 자기 구원을 위해서는 인식의 전환을 하라고 하셨다. 즉, 두 분의 말씀은 생각을 바꿔버리면 이미 천국(극락)에 들어와 있다는 것이다.
　그래서 예로부터 명상하는 스님들은 인식을 전환시키는 특별한 방법들을 사용하였는데 참으로 간단명료하게 참 나를 만나게 하는 방법이었다.

수행 스님과 조주 스님의 문답 한 편을 소개한다.

"개에게 불성이 있습니까?"
"무!"

개에게 불성이 있을까, 없을까? 그런데 개에게 불성이 있고 없고가 우리에게 무슨 상관이 있을까? 여러분의 마음이 자유롭게 되고 행복해지는데 '알거나', '모르거나'가 무슨 의미가 있겠는가? 조주 스님의 말씀은 한 마디로 '쓸데없는 소리하지 말라!'는 것이다.

화두 공부란 정신이 예리한 사람들로 하여금 '사고 중지'를 선언하는 공부 방법이다. 명상의 고수들과 학인들의 문답 속에서 거론된 특정한 표현들이 공부 과제가 되어 왔다.
임제종에서 활발하게 거론되다가 조동종에 와서는 다양한 자연물들이 깨달음을 가져다주는 화두라고 하였다. 이 독특한 방법으로 수많은 수행자들이 고통을 여의고 행복한 참 나를 만날 수 있었다.

기도는 에고를 강화시키기 때문에 마음공부라고 표현하기가 적합하지 않다. 기도는 지금보다 더 나은 자신을 만들어내고자 하는 욕망의 몸짓으로 이기적인 심리가 바탕에 깔려 있다.
그러나 명상은 에고를 해체시켜 준다. 기도를 통해서 집중력이 길러지면 차츰 명상으로 공부 방법을 옮겨가도록 해야 한다. 그것이 우리가 부처님의 마음을 닮아가고 가르침을 실천하는 불자의 길이기도 하다.

기도는 개념과 논리, 종교적 신념, 민족과 인종, 성별 등으로 자신을 얽어 매이게 해서 자기애를 강화시키고 결과적으로 상대와 갈등하며 투쟁을 일으키게 만든다.

명상은 자신을 얽어 묶어 자기를 고착화시킨 집착과 욕망을 해체시켜서 자유로운 마음의 본성을 드러나게 해준다. 그러므로 명상은 점 하나 찍혀 있지 않는 순수의식 상태라고 할 수 있으며 이러한 청정하고 밝은 마음을 최고의 가치로 여기는 것이다.

허공, 곧 하늘은 시작점과 끝점이 있을까? 답은 '없다'이다. 시작과 끝이 없으니 정신과 물질을 초월한 존재다. 가슴이나 머리로 한정지을 수 없는 초월적인 것이다.

불교는 이를 인간의 자유로운 본성이나 그 무엇으로도 제약되지 않는 순수한 마음이라고 말하고 있다. 바로 없음無이다.

필자의 이야기가 어렵게 느껴지는가? 그런데 사실 알고 보면 너무 쉬운 것이다. 머리로 헤아려 이해하는 습관 때문에 어렵게 느껴진다.

머리로 헤아려 이해하려는 움직임을 놔버려라. 그냥 그대로 받아들이고 느끼면 된다. 바로 지극히 종교적인 태도를 말하는 것이다. 그것은 순수의식 곧 깨어있음이다.

인간의 행복은 생각에 있지 않고 오직 생각을 벗어나는데 있다는 것을 알아야 한다. 우리는 쉬운 것을 너무 어렵게 생각하고, 어려운 것을 너무 쉽게 생각하는 경향이 있다. 그런데 두 태도를 놔버리면 생각의 세계를 벗어나서 보다 크고 넓은 마음의 차원과 만나게 된다.

여러분들에게 강조하고픈 것은 매일 5분간이라도 자기 자신과 만남의 시간을 갖자는 것이다. 장소는 365일 똑같은 장소이다. 바로 여러분의 몸이 수행하는 장소다.

몸이 머물고 있는 곳은 어디든지 수행의 공간이다. 시간은 여러분이 외부에 방해를 안 받고 마음을 모을 수 있는 시간이면 된다.

작은 욕심을 내어 자유로운 마음에서 벗어나서 생각의 집합체인 영혼이 되어 수많은 생 동안 고통 속에 헤매임을 반복만 하고 있는 것이다.

한 번 태어난 자는 반드시 죽게 되지만 죽어 모든 것과 이별해야 할 것들에 붙들려서 꺼둘리다 죽으면 또 다시 태어나 지금처럼 고통 속에 살다 또 죽음의 고통을 겪게 된다.

단, 5분이라도 매일 자신의 움직임을 지켜보는 습관을 들이다 보면 매일 눈, 코, 입이 있는 얼굴을 보고 살아온 지금의 내가 우리가 찾던 부처님임을 알게 된다.

# 명상은 곧 수행이다
## – 의식을 오직 현재 이 순간에 머물게 하라!

수행修行의 한자를 보자. '움직임'을 '닦는다'이다. 먼저, 왜 하고 많은 글자 중에 닦음이라 했을까? 먼지나 때가 끼었을 때 닦는 것인데 무엇이 먼지며 때일까? 본래무일물本來無一物이라 하여 먼지 하나도 묻을 수 없는 것이 참 마음이라 했는데 말이다.

이를 알려면 마음의 종류와 작용을 알아야 한다. 마음은 현재의식이라는 6식(안이비설신의)이 있고, 이 6식이 내면화 되어 있는 7식(말라식)이 있고, 6, 7식과 전혀 상관이 없는 참 마음이라는 제8식(아뢰야식)이 있다.
마음(의식)은 아래와 같이 세 가지로 작용한다.

① 바라보는 마음(아뢰야식)
② 일어나는 마음(말라식)
③ 사고를 진행하는 마음(현재의식)

그러므로 닦음이란 일어나는 마음과 사고하는 마음의 움직임이 바라보는 마음을 가리게 하는 원인이니 이것은 마치 맑은 거울에 묻은 먼지와 같아서 이를 '닦으라', 즉 '작용을 멈추게 하라'는 뜻이다.

부처님은 행주좌와 어묵동정지간(걷고 서고 앉고 눕고 말하고 침묵하고 움직이고 고요하고)에 깨어 있으라고 하신다. 어떻게 해야 깨어있을까? 몸과 마음의 움직임을 관찰하는 관찰자로 머물러 있으라는 것이다.

6식과 7식의 마음이 끊임없이 일어나는데 어떻게 해야 오직 8식의 관찰자로 남아있을 수 있을까?

'아프면 아프다', '배고프면 배고프다', '우울하면 우울하다', '화나면 화가 난다', '불안하면 불안하다', '욕정이 일어나면 욕정이 일어난다', '뭘 갖고 싶으면 갖고 싶다' 는 등 마음이 움직이는 그대로 알아차리라는 것이다.

중국의 조주 선사는 '無!' 즉 '모른다!' 하며 내려놓으라고 말씀하신다. 이 방식은 6식, 7식의 움직임을 정지시키는 즉 '판단중지'하는 기능이다.

의식이 깨어있음이란 3단으로 된 선팅 유리 안에서 밖을 쳐다보는 상태와 같다. 밖에서는 안이 보이지 않지만 안에서는 밖의 움직임이 그대로 보이는 상태이다.

# 웃음 명상

　웃음은 몸속의 혈액, 신경, 호르몬 순환을 활발하게 하는 스위치 역할을 한다. 웃으면 온몸 구석구석까지 긴장이 해소되면서 에너지가 퍼져 흐르게 된다. 현대 의학은 기분 좋은 상태에서 예방주사를 맞으면 항바이러스 효과가 15%나 상승하고 인체의 면역력이 크게 증가한다고 밝혀냈다. 그러므로 기분 좋은 상태를 나타내는 웃음은 질병 치유, 컨디션 조절에 좋으며 막힌 운을 여는 데도 효과가 있다고 하겠다. 웃으면 복이 온다는 것은 소통의 결과물로 주어지는 선물이라 할 것이다.

　현재 있는 곳에서 두 눈을 감고 동녘에서 떠오르는 태양의 빛을 상상하면서 활짝 웃고 있는 자신을 떠올려 보자. 태양 빛이 자신의 머리 위에 쏟아지고 이어서 이마-눈-양 볼-턱-목-가슴-배-허벅지-무릎-종아리-발 순서로 빛이 쏟아져 내린다고 상상한다. 빛이 온몸에 가득 찬 것을 느끼면서 '부처님 고맙습니다.'를 세 번 암송하며 끝마친다. 잠깐 동안의 웃음명상으로 피로회복과 기분전환이 일어난 것을 확인할 수 있을 것이다. 눈을 뜬 상태에서도 언제든지 때와 장소에 상관없이 웃는 모습을 30초 정도 유지하는 것만으로도 효과를 볼 수 있다.

# 허리를 세우고 숨을 살피라

'마음이 맑으면 숨이 편안하고, 마음이 탁하면 숨이 거칠다'

일반 불자들은 수행을 하면 생활 속에 좋은 이익들이 생긴다는 것을 알며 출가 수행자들 역시 수행을 하면 생사를 넘어서 윤회의 수레바퀴를 끊어내고 열반의 즐거움 속에 유유자적한 삶을 살 수 있다는 것을 안다. 그러나 막상 수행 길에 접어들면 고통스러움, 용기의 부족, 지루함, 회의, 게으름 등이 일어나서 중도에 흐지부지하게 되는 경우들이 발생하게 된다.

이런 경우에는 필자가 '부처처럼 앉고 부처처럼 걸어라'에서 강조하듯이 허리를 꼿꼿하게 세우라고 말씀드리고 싶다. 허리를 바로 세우고 바로 앉게 되면 몸의 중심이 아랫배에 가게 되어 들이쉬고 내쉬는 숨이 바로 단전에까지 그 기운을 전달하게 되어 있다.

바로 앉는 자세만 가지고도 자연히 복식호흡이 이루어져 초심을 유지하는데 부족함이 없으리라 본다.

수행이 깊어져 호흡이 깊어지고 마음이 깨끗해져서 편안함을 가지면

뇌 속의 간뇌라는 기관에서 '기쁨의 호르몬'으로 알려진 엔돌핀이 나오고, '쾌락의 호르몬'이라는 도파민이 나오고, 엔돌핀보다 더욱 강력한 물질인 다이롤핀이 나온다. 이들 물질이 에너지가 되고 마음을 평화로운 가운데 지극히 행복하게 만들어준다.

　즐겁고 기쁘고 유쾌하고 만족스러운 행복 그 자체에 수행의 목적이 있다는 것을 불교는 말하고 있으며 이를 적멸위락寂滅爲樂이라고 한다.
　그러나 우리가 불안해하거나 놀라거나 힘을 쓰게 될 때에는 신장 위에 있는 부신이라는 기관에서 아드레날린 호르몬이 분비되는데 이것이 근육을 긴장시키고 신경을 흥분시키며 돌발적인 행동을 하게 한다.

　우리의 삶이 긴장, 갈등, 불안 속에 머무는 시간이 많고 스트레스와 피로를 해소할 시간적 여유 없이 누적의 연속선상에서 살다보니 몸이 굳어져 망가지고 마음은 지치고 신경은 극도로 쇠약해 있다.
　이렇게 긴장이 연속되는 삶은 필연적으로 긴장이 습관화되어서 정작 긴장을 해소하기 위해 휴식을 취하는 시간에도 긴장을 하면서 에너지의 과도한 소비를 계속하고 있으니 아무리 휴식을 취하고 많은 시간 잠을 자도 피곤할 수밖에 없다.
　이런 점에서 장출식長出息 호흡이 자동으로 되는 염불이 큰 도움이 된다. 몸이 병 기운으로 가득 차고 맘이 스트레스가 가득 차서 탁한 기운이 가득 차 있을 때는 이를 밖으로 뿜어내야할 필요가 있기 때문이다.
　가슴이 답답하고 병 기운이 가득하니 강하게 순간적으로 활화산이 용암을 분출시키듯 뿜어내야 하는 것이다. 그러다 몸과 맘이 안정이 되어가면 이제는 고요한 가운데 가늘고 길고 부드럽게 호흡을 해나가야 한다.

우리 몸을 살펴보면, 마음이 불안하면 호흡이 불안하고 몸이 불편해도 호흡이 거칠어지며 또한 호흡이 거칠어도 맘이 불안하고 몸이 불편해지는 관계에 있다.

그래서 부처님께서는 생사의 일어나고 사라짐의 도가 '한 번 내쉬고 한 번 들이마시는 숨 속에 있다'고 하셨다. 호흡을 세세하게 살피고 그 느낌을 알아차리면 삶과 죽음의 고통으로부터 벗어나 건강한 생활 속에 평화로운 마음을 유지하며 살 수가 있다.

# 자연히 해결되는 길

뭔가를 이루려고 애를 쓰면 쓸수록 기대와는 달리 힘든 상황 쪽으로 진행될 때, 우리는 일단 '놔두고 지켜보자!'라고 할 때가 있다. 그러면 신통하게도 자연히 풀리는 경우를 볼 수 있다.

'자연히'란 자연변화의 이치를 말한다. 달도 차면 기울고 음지가 양지 된다는 말도 자연변화의 원리를 담고 있는 표현들이다. 이러한 원리를 이용하면 몸과 마음을 효과적으로 조정해 나갈 수 있다.

화가 날 때 화를 내거나 참게 되면 화가 응축되어 더욱 큰 폭발력을 갖게 된다. 그러므로 화를 조심스럽게 해체를 시켜야 화근을 제거할 수 있다.

화가 일어날 때는 화에 대하여 생각하거나 느낌을 이어가지 말고 가만히 바라보면서 강 건너 편에 불이 일어난 것을 알아차리듯, "화~화~화~"라고 외치면서 기다려 본다. 그럼 점차 일어난 화가 시들어지기 시작한다.

간혹 방송에서 훈련 중에 투하한 불발탄이나 6.25 때 투하된 불발탄들이 발견되었다는 보도를 접하게 된다. 군 폭발물 처리반들이 현장에 나와서 그것을 해체하는 과정에 혹시나 폭발할 수도 있기에 아주 조심스럽게 다루는 것을 보게 된다.

올라오는 화를 그대로 부리게 되면 마음 밭에 심어 놓은 복 씨가 화(화재상태)에 폭발하면서 한 줌의 재로 변하게 된다. 그러므로 화를 내는 것은 지금껏 마음 밭에 심어놓은 복 씨를 한 순간에 태워 없애는 것이니 화를 내지 말라고 하는 것이다.

맑은 호수에 흙탕물이 일어날 때 호수 안으로 들어가서 흙탕물을 멈추게 하려고 이리저리 뛰어다니면 더욱 흙탕물이 일어난다. 그러나 가만히 두고 기다리면 흙과 물이 분리되면서 물이 맑아진다.
어떤 일에 대하여 애써 노력해도 풀릴 기미가 보이지 않으면 절망하지 말고 자연변화의 원리를 믿고 기다리면서 기도나 명상을 하도록 하자. 의외로 간단하게 해답을 얻을 수도 있을 것이다.
흐린 날에 눈발이 휘날리면 하늘이 캄캄해지지만 햇빛이 나면 눈발이 허공중에 사라지면서 맑은 하늘이 드러난다. 고통스럽고 길이 보이지 않을 때는 잠시 내버려두어라. 맞서서 힘으로 밀고 나가려 말고 기다리며 여유를 가져야 한다.

## 불교는 상식이며 과학이다

　자신이 뿌려놓은 고통스런 업이 발동할 때 작은 복 하나 지어서 막으려는 어리석은 마음을 가져서는 안 된다. 부처님께 나아가 "제가 그동안 생각으로 말로 몸으로 지은 잘못을 진심으로 참회합니다."라고 반성해야 한다.
　복은 복대로 화는 화대로 반드시 자기가 뿌리고 거두면서 살아가도록 되어 있으며 이것이 자연의 이치이기도 하다. 불교의 가르침은 상식이요 과학이다.
　종교의 가르침이 상식과 과학을 벗어나는 순간, 미신 같은 소리가 되고 세상을 온통 혼란으로 몰고 가는 소음이 되고 만다.

　종교란 탐욕적인 인간의 타오르는 욕망의 불을 꺼주어 마음을 평안케 하고 자기 만족과 함께 감사의 마음을 이웃과 나누며 살게 한다.
　인간의 마음이란 마치 불길과도 같다. 그러므로 천국이나 극락이라는 이상 속에도 인간의 탐욕스런 마음을 교묘히 숨기고 있는 것이다.

그마저도 내려놔야 한다. 이 교묘한 생각을 내려놓지 않으면 큰 재앙이 언제든지 생길 수가 있다는 것을 역사가 증명해 주고 있다.

마음을 비우라고 하니 이제는 교묘하게 천국과 극락이라는 탑을 쌓아올리며 인간의 탐욕을 부채질하고 있다. 신자들로 하여금 세속적으로 끌어모으던 버릇을 내려놓게 하는 것이 아니라 그대로 이어가도록 이기적인 탐욕을 교묘하게 부채질하고 있는 것이다.

종교 교육이 근본적으로 잘못되어 정신적인 타락까지 조장하는 장본인이 종교가 되어 버렸다. 종교를 잘못 바라보면 인간을 지독히 이기적인 사람, 탐욕적인 사람, 무책임한 사람으로 만들어 혼란스런 세상을 만드는데 일조하게 한다. 종교적 생활을 하는 사람들은 이를 경계하며 자신이 지금 무슨 생각을 하며 무슨 행동을 하고 있는지 수시로 점검해볼 필요가 있다.

배울 만큼 배운 식자층이라도 잘못된 종교에 들어서는 순간 상식을 팽개치고 비과학적이고 사이비한 말씀들에 빠지는 경향이 많다.

믿기만 하면 건강과 물질과 명예를 축복으로 쏟아주신다는 달콤한 말에 걸려드는 것은 마치 고기가 먹이에 현혹되어 자기 죽을 줄 모르고 낚시 바늘에 걸려서 얼망 속에 갇히는 것이나 다름없다. 영혼의 구원과 마음의 해탈과는 상관없는 모습들을 보면 안타까울 뿐이다.

## 천상천하 유아독존

　바라보는 마음이 깨어나서 자기 역할을 수행하게 될 때 비로소 독존의 지위를 회복하여 이 세상 그 무엇 하나에도 의지하지 않고 홀로 우뚝 일어서 있는 것을 말한다.

　수많은 생각과 기분에 휘둘림을 당하면서 자기 역할을 좀체 하지 못하던 참 나 곧 절대의식이, 일어나는 생각과 사고의 흐름을 조정하며 자기의 욕망을 채우려는 삶의 방식을 바꿔서 타인의 행복을 챙기는 방향 전환이 이뤄진 상태를 천상천하유아독존이라 한다.

　독존이란 홀로 있음인데 옆에 다른 사람이 없다는 것이 아니다. 몸이 집안이든 직장이든 시장 바닥이든 길거리든 어디에 머물든지 상관없이 에고가 설치는 상태에서 참 나의 뜻에 따라서 움직이는 상태를 말하는 것이다. 오랜 세월동안 저장해둔 수많은 생각과 감정의 덩어리들을 바라보는 참 나의 마음이 독립된 입장을 유지하는 상태로써 먼지 하나까지도 분리시켜 참 나를 더럽히지 못하는 상태이다. 비로소 세상의 모든 것을 이기고 승리자가 된 독존이다.

## 걸으면서 휴식하기

　마음의 고수는 맘의 움직임이 거의 제로상태에 놓여있다. 아무리 몸이 빠르게 움직여도 마음에 동요가 거의 없는 평정 상태를 유지할 수 있다.
　그러므로 어떠한 움직임도 놓치지 않고 세세하게 읽어낸다. 마음의 움직임이 제로 상태에서는 마음이 지혜의 빛에 충만해 있다. 이미 속도개념을 초월한 마음이지만 굳이 말하면 마음은 시공을 초월하기에 레이저보다 빠르고 지구상에서 가장 빠른 빛보다 빠르다고 할 수 있다.

　걷기 명상은 몸의 움직임과 마음이 함께 동행하면서 마음을 평정 상태로 유지하는 훈련이다. 몸의 움직임을 최대한 느리게 하면서 마음이 몸의 움직임을 따라가도록 해야 한다.
　이러한 훈련을 지속적으로 하다보면 생각의 움직임이 멈춰지게 된다. 몸의 움직임과 맘이 일치가 되었기에 몸의 움직임을 따라가는 상태를 넘어서게 된다.
　이 상태에서 좀 더 공부가 진전되면 참 나가 서서히 지혜의 빛을 비추면서 드러나기 시작한다. 사물의 겉모습이 해체되면서 사물의 내면이 드러난다. 사물에 엑스레이션이 통과하면 내부가 드러나듯이 말이다.

더 나아가서는 내부의 모습도 해체되면서 텅 빈 상태가 드러나게 된다. 비로소 사물의 진짜 모습을 읽어 보고 나머지 모습들은 인연에 의한 출몰현상이란 것을 확실히 알기에 외부현상에 꺼둘림이 없어지게 된다.

꼭 때와 장소를 정해서 수련하지 않더라도 거실이나 안 방, 길거리나 시장통, 사무실이나 마당 등 때와 장소에 구애됨이 없이 실시할 수 있는 수행법이다.

걸을 때에는 왼발 오른발을 순서대로 앞으로 내디디면서 마음속으로 '왼발~오른발, 왼발~오른발……' 구령을 붙이며 가능한 한 속도를 천천히 해서 진행하면 된다.

습관력이 붙으면 몇 번의 구령만으로도 집중이 강하게 된다. 마치 쇳가루에 자석을 가까이 대면 일시에 쇳가루가 달라붙듯이 말이다.

이때 발바닥이 바닥에 닿을 때의 느낌을 놓치지 말고 느끼도록 해야 한다. 숙련이 되어 내공이 쌓이면 몇 발자국만 내딛어도 깊은 마음을 느끼면서 평화로움이 깃들게 된다.

# 숨 쉬면서 휴식하기

숨은 살아 있음의 표시이다. 우주 간에 살아 있는 생명체는 숨을 쉬고 있다. 숨 자체가 바로 운동하고 있는 것이다. 죽음은 운동의 정지, 곧 숨 쉬기가 끝난 것이다.

언젠가 버스를 타고 가는데 앞좌석 쪽에 사람들이 몰리기 시작했다. 승객 중 한 분이 간질증세가 생겨서 거품을 토하고 눈동자가 돌아가 버린 상태로 온몸을 비비꼬는 상황이 벌어졌다. 그래서 필자가 잠시 재주를 부려보기로 했다.

간 질환자의 코 아래를 손가락으로 가볍게 두들기면서, "자~ 아저씨! 걱정하지 마세요. 괜찮아지실 겁니다. 제가 말하는 대로 따라서 해보세요. 자~ 코끝으로 숨이 들어오고 나가는 것을 느껴보세요. 자~ 계속 느껴보세요."

이렇게 몇 번 되풀이하고 있는데 정신을 차리면서 정상상태로 돌아오게 되었다. 버스 안에서 그 광경을 보고 있던 승객들은 필자를 도사 스님이라고 생각들 했을 것이다. 그러나 원리는 간단하다. 호흡과 뇌신경이 연결되어 있는 구조 때문에 일어난 효과이다.

*호흡이 안정되면 뇌신경이 안정되고 뇌가 혼란이 일어나면 호흡도 거칠게 된다. 그러므로 코끝에 정신을 집중하고 날숨과 들숨을 지켜보고 있으면 신경이 안정되고 인체의 각 기관이나 기능도 정상으로 돌아오게 되는 것이다.*

화가 나거나, 기분이 울적하거나, 맘이 불편할 때, 불안하거나, 정신이 산만하여 집중이 되지 않을 때는 코끝에 정신을 집중하고 드나드는 숨을 지켜보면 흥분하거나 무기력한 뇌신경이 안정되고 마음도 평화롭게 된다.

이 호흡으로 맘을 쉬게 하는 방법도 특별한 때와 장소가 필요 없이 언제든지 실시할 수 있으니 활용해 보시길 바란다.

자세는 굳이 앉아서 허리를 꼿꼿이 세워야만 하는 것은 아니다. 누워서, 서서, 걸으면서, 운전대를 잡고 신호대기 상태에서, 지하철 안에서, 책상에 앉아서도 실시할 수 있다.

방법은 코끝에 정신을 모으고 숨이 들어오면 '들어옴~들어옴~들어옴'이라 하고 숨이 나가면 '나감~나감~나감'이라고 마음속으로 구령을 붙이며 정신을 집중하면 된다.

마치 건물이나 아파트 입구를 지키는 경비아저씨가 드나드는 사람들을 하나하나 체크하고 살피듯이 말이다. 처음에는 마음이 산만해서 정신집중이 잘 안 될 수 있다. 그러나 '가랑비에 옷 젖는다.' 하듯이 습관력이 붙기 시작하면 점차 집중이 쉽게 되고 관찰력도 강해지는 것을 알게 될 것이다.

성경에 보면 "하나님이 흙으로 사람을 만들고 코에 생기를 불어넣으니 사람이 생령이 되었다."라는 말씀이 있다. 인간의 육신은 흙의 성분이다. 인간뿐 아니라 광물, 식물, 동물들도 그 몸을 이루는 성분은 흙이다.

그런데 흙인 사람이 코에 호흡이 드나들기 시작하니 생령이 되었다는 사실이다. 이와 같은 비밀을 간직하고 있는 숨을 관찰하게 되면 흙 사람에서 신성이 충만한 생령으로 깨어나게 된다.

## 시간의 흐름을 음미하자

젊은 청춘이 가을 속으로 들어오면 가을도 청춘이 된 듯 생기발랄하게 춤을 춘다. 계절의 영향으로 살아가는 인간이지만 때로는 자연을 멋있게도 추하게도 만든다.

제철 음식이 건강에 좋다고 하듯이 마음 역시나 제철에 맞는 마음가짐으로 살아감이 건강한 삶이라 할 수 있다.
젊은 청춘이 늙은 노인처럼 처신하고 늙은 노인이 젊은 청춘처럼 처신한다면 꼴불견이 아닐 수 없다.

말도 때에 맞는 말씀이 아름다운 것이지 때에 맞지 않는 말씀은 식상하여 거들떠보지도 않는다. 그러므로 "내 나이가 10년만 젊었어도 좋으련만, 이제 나도 늙었어!" 따위의 생각은 할 필요가 없다. 10년 전에는 그대로 의미가 있었고 10년이 지난 지금은 지금대로 의미가 있는 것이다.

때에 맞는 사고를 통해서 변화가 주는 의미를 되새김질 할 줄 알아야 한다. 가을이 되면 마음도 가을로 전환되어 가을 깊숙이 들어가 머물러 보자. 가을이 주는 깊은 사색과 기분이 홀가분함과 평화로움을 가져다 줄 것이다.

인생에 있어 가을은 자기 인생을 정리정돈하는 시기이다. 조금 있으면 모든 걸 정리하고 왔던 곳으로 돌아가야 하기 때문이다.

두 손 꽉 쥐고 앞만 보고 달려왔던 지난 세월을 돌이켜 보며 버릴 건 버리고 챙길 건 챙겨보도록 하자. 그럼 맘이 가벼워지고 편안해질 것이다.

# 핵심
核心

핵이란 사물의 가장 중심이 되는 부분이나 요점이며 물건의 중심이 되는 씨, 곧 알갱이를 말한다. 일체현상이 마음의 조화라는 주장이야말로 핵심이라는 단어를 잘 표현해 주고 있다.

불佛이나 신神이라는 개념은 우주의 핵심이며 그 핵심에 도달하는 열쇠는 인간의 마음이 쥐고 있다. 수행이란 바로 인간의 마음이란 열쇠를 사용하여 우주의 핵심에 도달하는 것을 목표로 한다.

선불교에서의 화두, 염불에서의 명호나 진언, 명상에서의 지켜봄 등의 방편들이 모두 핵심에 도달하는 키이다. 태양과 달과 별, 바람과 구름과 비, 하늘과 바다와 땅은 물론 살아있는 모든 생물들과 보고 듣고 느끼고 생각되는 모든 것이 핵심에 이르는 방편이 될 수 있다.

그러므로 일상생활에서 일어나는 모든 움직임들이 방편이 아닌 것이 없다. 그것이 보기 싫고, 불편하고, 화나고, 고통스러워서 거부하고 싶은 것이라도 그렇다.

알고 보면 자연은 마음의 법칙을 통해서 세상을 펼쳐 냈고 인간은 그 마음의 법칙 속에서 삶을 영위한다.

깨달음 역시나 마음의 법칙을 이해하는 것을 말한다.

# 화엄경은 사랑의 완성

"사랑을 하면은 예뻐져요, 사랑을 하면은 예뻐져요, 아무리 못생긴 아가씨도 사랑을 하면은 예뻐져요."

우리 어릴 적에 라디오에서 자주 흘러나오던 노랫말이다. 이 말은 거짓 없는 진실한 말이다.

사랑의 준말이 '삶'이다. 삶의 동사가 '살리다'이다. 그러므로 사랑을 하면 '살리는 에너지', '살아나게 하는 기氣'가 움직이는 것이다. 그래서 사랑은 죽음도 초월하고 죽을 사람도 살린다고 하는 것이다. 사랑은 하는 자나 받는 자나 모두 함께 사랑이라는 '에너지 바다' 속에 들어가게 된다.

사랑의 에너지는 자신의 내면에서 일어나서 상대의 내면으로 흘러 들어간다. 그래서 잠들어 있는 나와 상대의 내면이 함께 열리게 된다. 몸이 열리고 맘이 열리고 세포 하나하나가 살아 움직이고 마음이 살아나게 된다.
 마치 꽃 몽우리가 햇빛을 받으면 서서히 꽃잎을 펼치며 감추어진 꽃 내면을 활짝 펼쳐내듯이 존재의 내면을 노출시키게 된다. 그래서 사랑하는 남녀 사이에도 사랑을 하면 상대 앞에서 실오라기 하나까지도 벗어던지며 자신의 감추어진 내면을 숨김없이 펼쳐내 보이는 것에 주저하지 않는다. 이것은 '사랑의 불빛'에 자신의 모습을 드러내 뽐내고자 하는 자연적인 몸짓이다.

 마음수행에 있어서 "자비의 빛이 비추이는 곳에 연꽃이 피어난다"는 것은 '바라봄'을 통하여 빛이 마음 안으로 쏟아져 들어가니 마음이 자신의 모습을 활짝 펼쳐내더라는 뜻이다.
 인간의 참 마음은 반사하는 거울과 같아서 어둠은 어둠으로, 빛은 빛으로, 유위有爲는 유위有爲로, 무위無爲는 무위無爲로 그대로 반사한다.

 어둠속에서는 빛이 없기에 사물을 볼 수가 없다. 분별없이 무명 속에 사는 어리석은 중생의 생활이 이와 같다. 그러나 빛이 비추이면 무명 곧 어둠이 사라지면서 각각의 모습이 뚜렷이 구별되어 드러나는 것이다.

 사랑의 빛이란 곧 에너지로써 몸과 맘을 살아있게 한다. 중생은 아직까지 한 번도 자신의 마음 내부를 활짝 꽃피워보지 못하고 살고 있다. 외부에 있는 사람이나 사물에 관심을 갖고 쫓아다닐 줄은 알았지만 자신의 마음과는 집중적인 데이트를 하지 못하고 살고 있는 것이다.
 그래서 몸이 사는 공간을 보다 크게 확장하고 꾸미고 편리하게 하는

데만 관심을 기울였지 마음 안의 공간을 관리하는 데는 무관심하다 할 정도로 살고 있다.

이것은 '많이 가진 자일수록 수고하고 무거운 삶을 살고, 마음을 비운 자일수록 삶이 행복하다.'는 현실을 만들게 되었다.

숫총각, 숫처녀는 한 번도 이성과의 성적 접촉이 없는 사람을 말하듯이 우리는 한 번도 자신의 마음을 외부에 드러내지 못하고 꽃씨 상태로만 유지하고 있다. 수행이란 '숫마음'에 바라봄의 빛을 비추어 '마음씨'가 싹으로 터져 나와 한 송이 연꽃으로 활짝 피어나게 하는 데 있다. 그래서 수행이란 자신의 마음을 사랑하는 행위이다.

자신을 사랑할 수 있을 때 비로소 '이웃을 내 몸같이 사랑'할 수 있는 구원받은 자로써의 사명을 다할 수 있다. 자기를 사랑하는 법을 모르면 이웃을 사랑하는 법 또한 모르는 것이다.

생각으로만 구원받았다는 것으로는 마음의 씨를 꽃피울 수가 없다. 자기가 한 송이 꽃으로 피어나지 못하면 향기를 퍼트릴 수 없기에 벌과 나비가 날아들지 않는다. 영혼의 구제나 마음의 해탈은 생각에 있지 않고 각성, 곧 꽃 피어남에 있다.

# 수신은 자기를 살피는 것

우리는 평생을 통해서 남에 대해서는 관심을 보이며 보고, 듣고, 숨 쉬고, 맛보고, 느끼고, 생각하며 사는데 왜 자신에 대하여는 보고, 듣고, 숨 쉬고, 맛보고, 느끼고, 생각하는 것을 등한히 하는지 모르겠다.

자기가 행복하기 위해서는 자기와 만남의 시간을 갖고 데이트를 즐길 줄 알아야 한다. 수신제가치국평천하 修身齊家治國平天下 라고 하였다.

세상을 경영하려면 먼저 가정을 안정적으로 경영할 줄 알아야 하고 그러기 전에 자기를 다스릴 줄 알아야 한다. 자기란 바로 자기의 마음이다.

마음을 바라볼 줄 알고, 마음의 소리를 들을 줄 알고, 마음의 향기를 맡을 줄 알고, 마음의 맛을 느낄 줄 알고, 마음을 느낄 줄 알고, 마음을 생각할 줄 알아야 비로소 자기를 수신 修身 하여 가정을 이루고 국가사회를 경영할 준비를 갖춘 사람이라고 할 수 있다.

그래서 불교에서는 마음이 청정하면 세상도 청정하다고 하였다. 자기 마음이 맑고 밝은 자라야 국가사회를 맑고 밝게 경영한다는 것이다.

마음이 탁하고 어두운 사람이 국가사회를 경영할 자리에 나간다면 마치 어리석은 바보와 도둑에게 칼을 쥐어준 것과 다를 바 없을 것이니 자기 사리사욕을 채우는 동안 세상은 혼란 속에 빠져들고 말 것이다.

그래서 예로부터 지도자는 경영능력에 우선하여 반드시 인간적인 자질을 우수하게 다듬어 도덕적으로 자신의 마음을 다스리는 수신(수행)을 할 것을 강조한 것이다.

## 내 몸은 수행하는 장소

　내 몸은 수행처로써 여섯 길에 통하여 보고, 듣고, 맡고, 맛보고, 느끼고, 생각하는 기능을 사용해 참 나를 깨달을 수 있는 최상의 조건을 가지고 있다. 이 기능은 태어나서 죽을 때까지 계속 작동하고 있는 것이니 내 몸은 최상의 수행 도량인 것이다. 그러므로 선의 마스터들께서는 내 몸 밖에서 참 나를 찾으려 해서는 안 된다고 해왔던 것이다.

　그런 의미에서 사찰이란 참 나를 찾아가는 길을 배우는 학원이며 수행을 통해서 도달할 '하늘나라' 곧 참 내가 사는 세상을 축소해 놓은 모델하우스라 할 것이다.

　마음공부를 하는 불자들은 눈에 보이는 모델하우스인 사찰보다 내가 생활하는 공간인 몸이 우선이라는 사실을 알고 내 몸에서 일어나는 세세한 움직임을 알아차리는 마음공부에 관심을 기울여야 한다.

　내 몸의 움직임을 알아차려가는 공부는 때와 장소에 상관없이 챙겨볼 수 있다. 인간이 몸을 가지고 태어난 것은 어떤 의미에선 큰 축복이 아닐 수 없다. 이 몸을 통해서 부처님이 되는 공부를 할 수 있기 때문이다. 이렇게 소중한 몸을 부처님이 머무는 도량으로 가꿔가야 한다.

## 참회는 떳떳함을 회복하는 것

하늘을 향해 치솟은 높다란 나무줄기는 옆으로 뻗어난 나뭇가지와 수많은 이파리가 바람에 흔들리면서 만들어낸 작품이다.

가지와 줄기의 흔들림을 통해서 뿌리가 분출의 힘을 발산해내게 되는 것이다. 이 '흔들림'이 뿌리에 저장된 영양물질과 수분을 나무 꼭대기까지 이동시키는 역할을 한다.

마치 우리 몸에 있어 팔다리 근육의 움직임을 통해서 심장의 피가 힘찬 펌프질로 몸 구석구석으로 혈액을 이동할 수 있는 것과 같은 이치이다.

인간의 삶도 도덕 교과서처럼 반듯하게만 진행된다고 생각지 말아야 한다. 수많은 시행착오 속에 반성과 사유를 하면서 다듬어져 나가는 진화의 과정인 것이다. 그런 점에서 모든 과정은 불안정성으로 인한 모순을 내포하고 있다.

하나의 문학작품이 탄생하기까지 수많은 습작과정이 있고, 하나의 발명품이 나오기까지 수많은 시행착오가 있고, 하나의 사업이 성공하기까지 크고 작은 실패의 과정이 있고, 하나의 깨달음이 일어나기까지 수많은 육도만행의 헤매임이 있다.

　부처님도 지구를 500번 방문(윤회)하셨다고 하신다. 그 많은 방문(윤회)을 통해서 새로운 경험들의 축적이 있었을 것이고 반성과 사유 속에서 최종적으로 깨달음을 성취하셨을 것이다.

　요즘 과거 어느 때에 성적인 피해를 당했다는 분들의 고백이 여기저기에서 터져 나오면서 사회 지도층 인사들이 곤혹을 치르고 있다. 개인이나 사회가 정화되어 성숙해가기 위해서는 용기 있는 자기 고백의 과정이 있어야 한다.
　시간이 오래 지났지만 지금이라도 상처를 안고 살고 있는 당사자들에게 용서를 빌도록 해야 한다.

　무심코 호수에 돌멩이를 던졌는데 그 돌에 개구리가 맞아 죽을 수도 있다. 왜 하필이면 거기에 있어서 돌에 맞아 죽었느냐고 죽은 개구리를 탓해야 하는가?
　잘못했으면 용서를 구해야 하고, 용서를 구하는 자에게는 계속 돌멩이를 던질 필요는 없다.
　핵심은 면죄부를 얻기 위해서 정치인들이 흔히 쓰는 '유감' 정도의 형식적인 표현이 아닌 피해자들의 마음속 앙금이 해소될 수 있을 정도의 참회의 표현이 있어야 한다는 것이다.

　우리가 사는 세상은 예수나 부처 같은 성인군자들이 사는 곳이 아니다. 아직도 정신적으로 더 다듬어지고 성숙해 나가야 하는 진화과정에 있다. 언제든지 실수를 할 수 있는 것이다. 그러나 반복적인 실수를 해서는 안 되기 때문에 이를 방지하기 위해서는 참회가 있어야 한다.

자기 잘못을 고백하고 피해자에게 용서를 구하는 것을 부끄럽게만 생각할 일이 아니다.

죄인이 용서를 받아 새롭게 태어나는 과정은 새로워지는 과정으로 얼마나 용기 있고 떳떳한 일인가? 자기 잘못을 감추고 아무 일 없는 것처럼 위장하고 사는 이중인격자들이 더 큰 문제인 것이다.

그래서 천주교인들은 신부님 앞에 서서 자기의 잘못을 고백하고 용서를 받는 의식인 고해성사를 하고, 스님들은 자기의 잘못을 대중 앞에 서서 고백하고 용서를 구하는 참회 의식을 한다.

누구나 살아가면서 본의 아니게 크고 작은 상처를 상대에게 줄 수 있다. 그럴 때는 즉시 자기 잘못을 사과하여 아픔이 덧나지 않도록 조치해줘야 한다. 그대로 방치해두면 잘못이 언젠가는 자기를 옥죄어 오는 덫이 될 수 있고 상처 입은 가슴은 중병으로 시달리게 된다.

# 목을 풀어라

 차량의 소통을 원활히 하기 위해서 교차하는 길목을 입체적으로 만든 것을 나들목이라고 한다. 목이란 양쪽 지역의 교류를 원활하게 하기 위한 통관시설 지대를 말하는 것으로 중요한 길목이 된다.
 우리 몸에도 목자가 들어가는 부위가 있다. 목, 손목, 발목이 그것이다. 이 목자가 들어가는 부위는 위아래를 연결하는 지점임으로 이 지점의 이상은 곧바로 위아래 부위의 기능 이상으로 연결된다.

 목은 위로 머리를 떠받치고 있고 아래로는 팔과 등으로 연결되어 있고, 손목은 손과 팔로 연결되어 있고, 발목은 발과 다리로 연결되어 있다. 여기에 어깨와 허리를 포함하여 중요한 몸의 관문을 이루고 있다. 그러므로 이 관문이 되는 부위만 잘 다스려도 건강한 몸을 유지하고 이미 이상이 발생한 환자의 경우라도 치유하는데 큰 도움이 된다.
 아래에 목을 푸는 운동법을 소개하고자 하니 참고하시길 바란다.

**동작해설**

① 자리에 편히 앉아 두 다리를 펴고, 한쪽 허벅지 위에 반대편 발목을 올려놓고 발목을 돌려서 양쪽을 똑같이 풀어준다.
② 일어서서 허리를 좌우로 천천히 15회 돌린다.
③ 어깨너비 만큼 다리 벌려 서서 목을 좌우로 크게 원을 그리며 아주 천천히 3회씩 돌린다.
④ 팔에 힘을 빼고 나서 빠른 속도로 앞에서 뒤로 크게 원을 그리면서 돌리기를 10회 하고 끝나면 반대로 뒤에서 앞으로 10회 돌린다.
⑤ 허리 뒤로 손깍지 끼고 어깨 돌려 내려서 가슴을 활짝 편 상태로 자세 고정하고 잠시 휴식을 취한다.


인간은 스트레스와 피곤이 축적되면 몸의 근육이 굳어지고 신경이 쇠약하여 몸 각 부분의 기능저하가 생기고 이는 곧바로 노쇠현상으로 연결되게 된다.

스트레스와 피로회복에 도움이 되는 것으로 야외에 종종 나가서 심기일전心機一轉, 신기일전身機一轉을 해주는 것도 도움이 된다.

매연으로 공기가 오염된 시내와 맑은 산골의 산소 농도의 차이가 2~3%나 된다고 한다. 그러므로 산골이나 산사에서 생활하다 시내에 들어오면 숨이 막힌다고 호소한다. 그것은 몸의 세포가 오염된 산소를 거부하는 현상이다. 폐를 둘러싼 근육들이 수축이 되면서 오염된 산소 유입을 차단하고 나서는 것이다.

산이나 바다나 넓은 들판에 들어가면 가슴이 열리고 숨이 가슴 깊숙이 들어오는 것을 느끼게 된다. 세포들이 영양가 있는 산소라는 것을 알아차려서 세포의 문을 활짝 열기 때문이며 호흡기를 둘러싸고 있는 등과 가슴의 근육들이 자연스럽게 이완되어 산소를 최대한 흡수해 들이는 것이다.

　그래서 종종 야외로 나가서 경직된 근육과 쇠약해진 신경에 신선한 자극을 줘서 건강한 상태로 돌아가게끔 자극을 줄 필요가 있다.

　위에서 설명해드린 목 푸는 운동만 충실히 해도 건강한 몸을 유지하는데 도움이 될 것이니 열심히 하시기 바란다.

## 가지와 잎새의 건강학

　나무의 가지는 뿌리에 있는 영양물질을 뽑아 올리는 작용을 하고 이 파리의 움직임은 나무 전체에 영양물질을 퍼지게 한다.
　사람 몸으로 보면 팔다리의 움직임은 음식물을 통해서 흡수된 영양분을 몸 전체로 이동하게 자극을 주면서 심장에서 나오는 동맥의 피를 전신에 보내고, 다시 신장에서 걸러낸 깨끗한 피를 심장으로 돌려보내는 정맥의 피 순환을 촉진시키는 역할을 한다.
　손가락, 발가락의 움직임은 모세혈관과 뇌세포까지 영양물질 전달을 원활하게 하고 뇌신경을 깨어있게 도와주는 작용을 한다.
　나무 이파리가 바람에 흔들림이 없으면 뿌리의 영양물질을 나뭇가지 끝까지 전달하기 어렵고 그렇게 되면 열매가 충실할 수 없게 된다.
　그러므로 인간의 팔다리와 손가락과 발가락의 움직임은 건강을 다루는데 있어 아주 중요한 부분을 차지한다.

　네 발로 기어 다니는 동물은 두 발로 서서 걷는 인간보다 질병이 없다. 또한 발병이 되었다 해도 약이나 기구를 사용치 않고 자연히 치유되는 과정을 거치게 된다. 그러므로 휴식시간이 아닌 이상은 앉아 있는 것보다는 걷는 것이 좋고 손가락과 발가락을 자주 꼼지락거려주는 것이 좋다.

## 무엇을 사랑하게 된다는 것

누군가가 내게 "부처님은 어떤 분인가요?"라고 묻는다면 세상에 있는 말이나 문자로 다 표현해낼 수 없기에 그냥 침묵하며 살며시 웃음 지어 줄 것이다.

당신을 첫눈에 반해 버리게 한 사람이 있는데 어떤 사람이 묻기를 "그 사람의 무엇이 당신의 마음을 빼앗아 갔나요?"라고 묻는다면 한두 마디로 설명할 수 있을까? 너무 큰 것을 물었기에 그냥 웃을 수밖에 없다.

우리가 사용하는 글자나 말은 작거나 부분적인 것만 표현이 가능하고 크거나 전체적인 상태를 설명해낼 수 없다. 너무 감격할 일이 생기거나 아니면 너무 기막힌 꼴을 당해도 표현이 불가능하다.

말을 해도 더듬게 되고 가슴이 벅차거나 막혀서 웃음이나 울음도 제대로 나오지 않는다.

여러분! 부처님은 어떤 분이신가? 모르니 대답할게 없지 않은가? 설사 알아도 대답할 게 없다. 그냥 웃음을 지을 뿐이다.

부처님, 곧 참마음이란 절대성의 존재이기에 질문이 성립되지 않고, 일체가 끊어져 있어서 질문이 성립치 않으므로 그냥 침묵할 뿐이다. 그러므로 현실의 문제는 부처님(참마음)을 거론하는 순간 사라지게 된다.

그래서 진짜 사랑에 빠지면 말을 더듬는 것이 아니라 입이 있어도 아예 말을 못하게 될 수도 있다.

진짜 사랑에 빠지면  
눈이 있어도 세상사가 아예 보이지 않게 될 수도 있다.  
귀가 있어도 세상의 소리가 아예 들리지 않을 수 있다.  
진정으로 사랑에 빠지면  
당신의 눈과 귀와 입을 사용할 필요가 없으며  
말하지 않아도 보지 않아도 듣지 않아도  
다 느끼고 알게 된다.

그러므로 진정한 사랑은 상대에게 100% 올인하여 위대한 침묵상태에 들어감으로 감각기관이 있어도 초월하게 된다.

그런 점에서 진정한 사랑은

보시지계, 인욕을 실천하고 선정에 올인하여 세상에 눈멀고, 귀먹고, 벙어리가 되지만 스스로 알아차리는 지혜로 천 개의 눈이 열리고, 천 개의 귀가 열리고, 천 개의 입이 열리고, 천 개의 손이 움직이게 된다.

사랑은 나를 잊게 하고  
모든 소유와 죽음까지도 잊게 하고  
또 다른 나인 너들을 위해서 살아있게 한다.  
이것이 모든 부처님의 가르침이다.

# 자연미인이 되는 길

 철에 맞는 화장법을 사용할 줄 아는 사람은 평생 매력을 잃지 않고 주변으로부터 사랑받는 사람으로 살게 된다. 봄여름은 몸을 드러내 가능한 야하게 꾸미고 가을겨울은 몸을 가능한 덮는 대신 마음을 비워 여백을 최대한 확보해야 하는 것이 자연의 계시이다.
 봄여름은 몸을 벗는 가운데 아름다움을 드러내야 하고 가을겨울은 마음을 벗는 가운데 마음의 아름다움을 드러내야 함을 보여주고 있다. 이렇듯 자연은 철 따라서 색의 장엄과 빛의 장엄으로 확연히 화장법을 구별하고 있다.

 봄여름은 텅 빈 공간에 에너지가 색으로 분출되어 형형색색으로 장식되는 시기이고, 가을겨울은 드러난 색의 장식을 철수하고 다시 내면의 공간으로 돌아가 형형색색이 내면화되어 빛으로 장엄하는 시기이다. 몸과 물질의 텅 빈 공(간)에서 맘과 정신의 텅 빈 공(간)으로 색과 빛의 이동이 반복되는 것이다.

아침이 되어 햇살이 쏟아져 내리면 꽃나무는 몽우리를 펼쳐 속살을 환하게 드러내고 향기를 퍼트려서 벌과 나비를 불러들여 축제를 벌인다. 그러나 해가 서산에 지게 되면 활짝 핀 꽃잎을 거둬들여서 꽃 몽우리 속에 향기를 머금고 밤을 지새우게 된다.

인생도 봄여름과 가을겨울의 삶을 살면서 아름다움을 관리하는 법을 자연의 생태를 통해서 배워야 한다.

봄여름은 색을 최대한 끌어 모아서 장식을 요란하게 하고 가을겨울에 접어들면 요란한 치장을 거두어 색을 빛으로 내면화하면서 봄여름 동안 끌어모으던 마음을 비워내면서 색이 사라진 빈자리에 빛이 충만하게 해야 한다.

철부지 인간만이 때에 맞는 리듬을 타지 못하고 화장품을 바르고 향수를 뿌리고, 명품으로 몸을 장식하며 살지만 철지난 몸짓이 아닐 수 없다.

가을겨울은 몸과 외부를 장식하던 것을 단순화시키고 마음을 빛으로 장엄하는 삶을 살아야 한다. 그것이 바로 자연의 리듬에 맞게 아름답게 살아가는 화장법이다.

## 빛을 받으면 깨어난다

한 가지 행위에 맛이 들여져 지속적으로 반복하게 되면 그 재미를 더 느끼기 위하여 폭력적이 되고 결국은 죽음까지도 불러오게 된다.

그러므로 수행자는 어느 일방으로 쏠리는 취향을 경계하며 항상 중도적인 관점을 유지하는 것을 목숨처럼 소중히 여긴다. 바로 자신의 움직임에 대하여 길들여지기 전에 초연함을 유지하는 태도이다.

습관이란 좋은 것이든 나쁜 것이든 한 번 길들여지면 돌이키기 어려운 고질적인 성질이 된다. 음식도 탐닉하다보면 더욱 맛을 강하게 요구하게 되어 맵고, 짜고, 달고, 시고, 쓴 것을 찾게 된다. 결국 강한 맛으로 인해서 몸이 망가지게 되는 것이다.

섹스도 탐닉하다보면 과격하게 되고 가학적이 되어 상대를 학대하게 되고 변태적이 된다. 권투도 상대를 죽여 버릴 작정으로 살기를 주먹에 쥐고 패는 것이다.

그런 점에서 마약도 원리가 비슷한 것은 자기 몸의 자율기능을 무너트리고 의식을 병들게 하면서 뇌세포를 망가지게 하는 가운데 자기가 생각하는 대로 나타나는 환각증세에 맛들어서 결국엔 그 마약으로 인하여 삶이 망가지게 되는 것이다.

기도나 명상도 생각과 감정을 사라지게 한다. 그러나 몸과 마음을 깨어있게 유지함으로 건강을 상실하거나 평화가 깨어지진 않다. 그 여운은 기도와 명상시간을 벗어나서 일상생활 속에 들어와서도 이어진다. 번뇌와 망상을 폭력적으로나 인위적으로 망가트리고 죽여서 사라지게 하는 것이 아니라 자비로운 빛을 비추어서 자연스럽게 사라지게 만든다. 마치 빨래거리를 빨래 줄에 걸어 놓으면 태양빛이 수분을 증발시켜 뽀송뽀송하게 말리듯이 말이다. 인위적인 조작을 가하는 것도 아니고 그냥 의식적으로 무심하게 바라볼 뿐이다.

부처님께서 몸과 맘을 긴장시키거나 혹사해가면서 하는 공부법은 잘못된 것이라 하시면서 자비로운 수행법을 지도해주신 것이다.
폭력적인 방법은 상실이라는 사라짐의 과정을 통해 극도의 통쾌감을 일어나게 한다. 문제는 그에 따른 생명의 손상이나 손실을 가져오고 또한 사회적인 책임도 따르게 된다. 몸과 맘을 긴장상태에서 벗어나게 하고 깨어있는 상태로 유지하는 것, 이것이 올바른 부처님의 명상법이다.

마음공부는 일체현상이 마음의 작용이라는 전제에서 모든 움직임을 마음과 함께하는 것임으로 이 안에 억압이나 학대는 있을 수 없다. 그냥 물 흘러가듯이 하나의 흐름이 있을 뿐이다.

## 사대성인은 지구의 산물

지구는 좌측으로 회전하면서 태양을 중심하여 역시나 좌측으로 공전하고 있다. 돌아가는 루트를 보면 낮과 밤이 반반으로 확연히 구분되면서 빛과 어둠을 연출해내고 있다.

이런 가운데 자전과 공전이 사계절과 아침, 낮, 저녁, 밤이라는 네 때의 구분을 만들어내고 있으며 이것이 만물의 생로병사와 희로애락을 만들어내는 원인이다.

이러한 자연의 질서 속에서 수행이 갖는 의미는, 네 때로 나눠지기 전의 빛과 어둠이라는 자전운동에서 비롯된 음양 상태를 더 거슬러 올라가서, 빛과 그림자로 나눠지기 이전의 상태인 절대적 빛의 상태에 도달하는 것을 의미한다.

그러면 이 빛의 상태에는 어떻게 도달할 것인가가 문제가 된다. 그것은 드러난 태양의 빛을 쫓아서 가는 것이 아니라 이미 개설된 마음의 통로를 따라 들어가 발견(깨달음)하는 것이다. 이것은 마음의 뿌리가 태양의 뿌리와 하나임으로 가능한 이야기이다.

천부경에 "본심<sup>本心</sup> 본태양<sup>本太陽</sup> 앙명<sup>仰明</sup> 인중천지일<sup>人中天地一</sup>"이라 하여 본 마음이 태양과 뿌리를 같이 하는 것이며 바라보는<sup>仰明</sup> 마음의 빛으로 보면 인간의 중심이 천지의 중심이기도 하다는 것을 말하고 있다.

화엄경에서 등장하는 청정법신비로자나불은 법신불로써 우주의 창조주로 등장하고 있다. 한역으로 대일여래<sup>大日如來</sup>라고 번역한다. 즉 큰 태양이라는 것이다. 종교가 지금까지 과학에서 열외가 되어 신비의 영역에 머물러 있었는데 사실 알고 보면 우주와 만물, 자연과 인간의 영역 안의 문제일 뿐이다.

**종교는 근본에 관련된 영역을 설명하고, 도란 이를 체현해내는 수행을 말하는 것이다. 그러므로 도는 도라고 설명될 수 없는 오직 수행을 통해서 체험해내는 길인 것이다.**

이제 우리가 알아야 할 점은 그동안 신비의 영역이자 논리를 벗어난 종교의 성역으로 여겨왔던 것이 사실은 인간의 무지로 해서 알지 못하는 것을 신격화하고 우상화해 나온 것이란 사실이다.

그러나 이러한 신격화와 우상화의 현실은 아마도 지구의 역사가 계속되는 한에는 어쩔 수 없을 것이라고 여겨진다. 정치가 그렇듯이 종교의 모습 또한 그 종교를 믿는 신자들의 의식 수준을 그대로 대변해줄 수밖에 없을 것이니 이러한 사실을 생각하면 안타까울 뿐이다.

## 자연은 살아있는 경전

자연현상이나 만물의 움직임 하나하나 그대로 삶의 교과서이며 경전이다. 그래서 수많은 철인과 수행자들이 자연을 벗 삼아서 사색하며 수행해 나왔던 것이다.

성철 큰 스님께서는 종정으로 추대되시어 한 편의 시를 내리셨다. 그 시를 통해서 수행자나 일반인 모두에게 '산은 산이요, 물은 물이로다'라는 유명한 이야기가 알려지게 되었다.

의식이 깨어난 자유로운 마음의 소유자들은 푸른 산은 아미타불이 계시는 극락세계요, 한없이 펼쳐진 바다는 번뇌와 망상이 사라진 무심한 경지라고 시를 읊으셨다.

의식이 깨어나면 자연현상이나 자연물 하나하나가 보이고 들리는 그대로 참 이치를 말해주는 법문이다. 그래서 저자가 출간한 명상시집의 제목이 '산이 되어 물이 되어'가 된 이유도 여기에 있다.

하늘은 일체를 비워냈기 때문에 바람과 구름이 흐를 수 있고 밤마다 별이 빛나고 달이 휘영청 밝을 수 있는 것이다.

바다 또한 비어 있기에 수많은 어족과 해산물들을 품어낼 수 있으며 산 또한 비어있기에 크고 작은 바위나 돌, 나무와 풀 그리고 각종 살아 움직이는 동식물은 물론 인간까지도 차별 없이 품어준다.

우리가 마음을 내려놓고 비워야 하는 이유는 하늘처럼, 바다처럼, 산처럼 큰 자기로 성장해야 하기 때문이다. 바로, 세상을 가슴속에 품고 세상을 살려가는 주인으로 우뚝 서기 위해서이다.

# 창조자가 되고 피조물이 되지 말라

    운명을 지배하는 일정한 법칙은 있지만 "당신은 꼭, 이렇게 살아라!" 하고 확정된 것은 없다. 우리 주변에 보면 자신이 태어날 무렵, 전국 각처에서 동시간대에 태어난 사람이 150여 명 된다고 한다.
    그렇다고 그 사람들 모두 자신과 같은 인생을 살아가는 것은 아니다. 이것은 자기만의 인생을 만들어 살라는 하늘의 뜻이다. 운명을 창조해 나가는 자신의 판단과 선택여하에 따라서 삶의 모습은 다양하게 나타난다.

    패배주의자처럼 '팔자려니, 운명이려니, 업이려니, 전생의 죄려니' 하면서 자신을 헤어날 수 없는 틀 속에 가두지 말아야 한다. 자신을 살리고 죽이는 것은 오직 자기 마음먹기에 달렸다.

    자기는 자기의 길을 가야한다. 자기 밭에 남의 씨를 뿌리지 말고 자기의 씨를 뿌려야 한다. 잘못하면 '씨받이 인생'이 될 수 있다.

간혹 텔레비전을 보면 아이가 없는 남자가 아이를 갖기 위해서 돈으로 여자를 사서 자기 씨를 여자의 몸속에 뿌리고 그렇게 태어난 아기만 데리고 가는 것을 본 적이 있다.

자기는 자기의 인생을 살아야하지 남이 뿌려준 인생을 살아서는 '씨받이 인생'이 되는 것이다. 자기 밭에 누군가가 와서 남의 씨를 뿌려달라고 하면 거부해야 한다. 그리고 다음과 같이 말하자. "당신은 나의 씨를 당신 밭에 뿌리는 것을 허용하시겠습니까? 난, 당신의 씨를 나의 밭에 뿌리는 것을 원치 않습니다."하고.

이를 옛사람은 '본래 한 물건도 없다!'고 선언하셨다. 내 마음 가운데 먼지 하나라도 있으면 그 먼지 하나 정도의 피조물(노예)이 되는 것이다. 바위가 들어앉아 있으면 그 바위 무게만큼 피조물(노예)로서 취급되는 것이다.

모세 십계명에 "나 이외에 다른 신을 섬기지 말라"는 말씀이나 예수님이 말씀하신 "나는 길이요, 진리요, 생명이니 나로 말미암지 않고는 결코 아버지께 나아갈 수 없다."는 말씀이나 다름 아닌 '나는 나'로써 세상의 주인으로 살아 있으라는 말씀인 것이다.

이러한 태도는 수행과정에서도 그대로 적용된다. 어떠한 현상이 보이고 들리고 느껴지고 생각되어도 그에 현혹되어서는 안 된다. 그것은 자기가 창조자가 되어서 오직 자기만의 색깔로 살아있게 하는 것이 아니라 피조물로 전락시켜서 타인이 제공하는 색깔을 끌어모아 점박이 인생이 되게 한다.

'비우고', '내려놓고', '마음을 텅 비게 하라'는 가르침은 타인이 만들어준 삶을 살지 말고 자기만의 색깔로 당당히 살아가라는 의미이다. 이러한 정신이 바로 천상천하유아독존이다.

## 친구는 한 사람이면 족하다

"내가 세상에 와서 한 명의 친구를 얻었더라면 더 무엇을 원하겠느냐!"라고 예수님은 말씀하신다. 천국의 말씀에 대하여 이야기를 해도 알아듣는 사람이 한 사람도 없었다는 것이다.

옛날 중국에 거문고의 명인이 있었다. 어느 날 명인은 거문고를 불타는 아궁이에 넣어 태워버렸다. 이를 알고 지인이 물었다.
"아니 평생을 애지중지했던 당신에겐 더없이 소중한 거문고인데 불 태워 버리다니 무슨 일입니까?"
그는 대답하길 "내 거문고 소리를 들어줄 친구가 오늘 이 세상을 떠났으니 내가 거문고를 켤 이유가 사라진 것입니다."라고.

인생을 살면서 단 한 사람의 친구가 있으면 그 사람은 천하를 얻은 것이나 다를 바 없다. 여러분은 즐거우나 괴로우나 함께 곁에 있어줄 친구가 몇이나 있는가? 여러분의 삶 속에 들어와 함께 뒹굴면서 희로애락을 나눌 친구가 과연 있기나 한가?
 저승까지 동행해 줄 사람은 없다 하더라도 이 세상 사는 동안만이라도 함께 마음 나눌 사람을 만나기는 쉽지 않다.

 사람이란, 조건 속에서 태어나 조건 속에서 살아가다 조건이 변하면 멀어지는 것이 인생이다. 그러므로 함께 동행해줄 존재는 인연에 상관없이 무조건 존재하는 초월적인 신이나 부처님만이 함께할 수 있는 것이다.
 당신의 모든 것에 대하여 눈으로 보고, 귀로 듣고, 몸으로 느끼고, 의식으로 생각하는 것으로서는 당신과 영원히 동행할 수 없다. 당신의 모든 것에 대하여 마음으로 보고, 듣고, 느끼고 생각하는 존재만이 당신과 영원히 동행할 수 있다.

 세상을 살아가면서 절대자에 대한 믿음이 첫 번째 친구요, 절대자에 대한 이해가 두 번째 친구요. 절대자에 대한 깨달음이 세 번째 친구가 된다.
 당신은 절대자에 대한 믿음을 갖고 있는가? 절대자에 대한 이해를 갖고 있는가? 절대자에 대한 깨달음을 향해 나아가고 있는가?
 이 세 가지 중에 한 가지라도 지녔다면 설사 당신이 수고하고 무거운 삶의 짐을 걸머지고 험난한 인생길을 가더라도 전혀 걱정할 필요가 없게 된다. 진정 당신은 이 세상에서 행복한 사람이며 축복을 받은 사람이기 때문이다.

# 무관심한 사회

무관심한 사회는 인간에 대한 불신이 깊이 뿌리박혀 있어서 처음부터 상대를 이해하려는 마음이 없는 것이다. 자기와 색깔이 다르면 경계하며 거리를 두게 된다. 가까이 오게 되면 경계하면서 언제든지 공격이나 반격을 할 태세를 하게 된다.

안타까운 일이다. 자신이 속한 공동체가 이렇게 깊은 병이 들어 썩으면 자기 또한 보호받지 못하고 언제, 어디서든 무슨 봉변을 당할지 모르는 무서운 세상이 되어 버린다.

개인은 개인끼리, 사회는 사회끼리, 국가는 국가끼리, 종교는 종교끼리 서로 다른 색깔론으로 상대를 색안경 끼고 의심의 눈초리로 바라본다.

아마도 예수님이나 부처님이나 공자님이 다시 오신다 해도 색깔론으로 몰고 가서 죽이게 될 것이다. 그런 점에서 구원받은 사람이나 해탈을 얻은 사람은 필연적으로 이 세상에 머무는 동안은 십자가를 짊어지고 골고다 산을 오르는 고난의 길을 걷게 되어 있다.

# 인생은 한 생각 차이

　하늘에 낮과 밤이라는 이름을 가진 친구 두 명이 있었다. 그런데 두 사람이 너무나 대조적인 분위기를 하고 있다. 얼굴을 쳐다보니 한 친구는 빛이 나고 또 한 친구는 어둔 낯빛을 하고 있다. 그래서 왜 친구지간인데도 그리 차이가 나는지 물어보기로 하였다.
　얼굴에서 빛이 나는 친구가 먼저 대답하였다.
　"저는 빛만 바라보고, 빛 소리만 듣고, 빛만 숨 쉬고, 빛만 말하고, 빛만 느끼고, 빛만 생각하다보니 어느 날 저 자신이 낮이 되어 있었습니다."라고 하는 것이다. 그러고 보니 얼굴만 빛나는 것이 아니라 온몸이 빛을 뿜어내고 있는 것 같았다.
　또 한 친구가 이어서 말을 한다. "저는 시간만 나면 어둠을 바라보고, 어둔 소리만 듣고, 어둠을 숨 쉬고, 어둠을 말하고, 어둠만 느끼고, 어둠만 생각하다 보니 어느 날 저 자신이 온통 어둠만을 뿜어내고 있는 밤이라 걸 알게 되었습니다."

어머니 뱃속에서 열 달을 함께 지내다 세상에 태어난 일란성 쌍둥이도 살아가는 모습을 보면 확연히 다르다. 바라보는 방향에 따라서 이렇게 극과 극을 달리하게 되는 것이 인생이다.

바로 '한 생각' 차이인 것이다.

이런 이야기가 있다. 비가 갠 어느 날 두 사람이 넓은 흙 마당을 바라보고 서 있었다. 한 사람은 고개를 들어 맑은 하늘을 쳐다보며 유쾌한 기분을 갖는데 또 한 사람은 고개를 땅으로 숙이고 질퍽한 흙탕물이 고인 땅을 바라보면서 얼굴을 찡그리며 심난한 표정을 짓고 있었다는 것이다.

같은 환경에서 함께 자리하고 있지만 바라보는 방향에 따라서 살아가는 삶이 달라질 수 있는 것이다. 바로 '한 생각' 차이로 말이다.

즐거운 인생길도 고통스런 인생길도 알고 보면 이 '한 생각' 차이에서 비롯된 것임을 알아야 한다. 그래서 수행이란 이 '한 생각'을 지켜보며 한 마음을 지키는 것이다.

# 멈추면 행복한 것을

어느 분이 하루 일과를 마치고 자리에 누우면서 문자를 확인하려 할 때였다. 일을 마치고 씻고 자리에 누우니 이렇게 편안할 수가 없어서 누울 수 있는 둥지가 있다는 것이 너무나 감사한 마음이 들었다는 것이다. 그러면서 이 추운 날씨에 군대 가서 잠 못 자고 보초를 서고 있을 아들을 생각하니 마음이 아프다고 하셨다.

사람의 마음은 하루 종일 생각하는 속에서 기분 좋을 때, 짜증날 때, 우울할 때, 즐거울 때도 있을 것이다. 그런데 이러한 마음의 변화를 멈추게 하고 마음을 한 곳에 머물게 하면 어떻게 될까? 바로 불교에서 말하는 절대적인 행복 상태가 일어난다.

이것은 조건에 의해서 일어나는 상대적인 기분이 아니라 무조건 일어나는 충만의 기분이다. 한마디로 지극한 즐거움이라는 극락이 그것이다. 이러한 즐거움은 판단중지를 선언하고 그냥 무심하게 상황을 바라보는 것이다.

보이는 대로, 들리는 대로, 느끼는 대로, 그대로 지켜보면 된다. 사람의 몸이나 마음이나 많이 움직이다 보면 스스로 지치게 된다. 그럴 때에는 움직이는 몸이든 마음이든 '눕히고', '한 자리'에서 쉬도록 해야 한다.

손가락 하나 움직이지 말고 한 생각도 움직이지 말고 죽은 듯이 '누워 있음'의 상태로 휴식을 취하게 하면서 휴식 속에서 생기가 일어나 퍼짐을 느껴 보면 된다. 이렇듯 행복을 맛보기란 어렵지 않으니 조금만 연습하면 얻을 수 있는 것이다.

생각을 따라 움직이면 마음이 물질화의 길로 나아가서 희로애락을 겪게 되지만 그냥 바라보는 마음상태에서는 한 생각도 옮겨가지 않기 때문에 초월적인 빛의 상태에 머물러 있게 된다.

그러므로 행복한 기분은 판단중지를 하면 지금 이 순간, 있는 자리에서 즉시 느낄 수 있는 것이다. 판단을 중단하고 그 자리에서 한 발자국도 옮겨가지 말고 그냥 그 자리에서 휴식하라! 바로 그 자리가 젖과 꿀이 흐르는 복된 땅이다.

## 뿌린 것이 다르다

　샘물은 퍼내면 퍼낼수록 더욱 맑은 물이 솟아올라 빈자리를 채우고 주변으로 넘쳐 흘러간다. 자기를 비워 나눔의 생활을 열심히 하는 사람은 다음 생에 큰 복, 큰 덕, 큰 지혜를 가지고 태어난다. 그래서 무슨 일을 하던지 다른 사람보다 수월하게 원하는 결과를 만들어낸다.
　주변에서 "저 사람은 하는 일마다 술술 잘 풀리는데 나는 도대체 무슨 이유로 하는 일마다 안 되는지 모르겠다."고 푸념하는 얘기가 그것이다. 자기가 머무는 곳곳마다 복을 뿌리는 밭이라 생각하고 복의 씨를 뿌린다는 마음으로 복 밭 관리를 잘해야 한다.

　실속 있고 풍요로운 삶을 위한 자기 관리는 자기 마음을 비워 지혜의 빛이 드러나게 하기 위해서도 꼭 필요하다. 물질이든 정신이든 베푼다는 것은 자기가 지금보다 더 잘살아가는 길이다. 비우고 살아가는 길이 지금보다 못한 삶이 된다면 비움의 삶을 살 필요가 없다.
　인생사 모든 괴로움에서 벗어나서 자유로운 마음, 안락한 마음, 행복한 마음이 되려면 자기를 비워내서 이웃을 기쁘게 할 줄 알아야 한다.

따지고 보면 이 세상에는 먼지 하나까지도 자기 것이라고 고집할 것이 없다. 몸이든 마음이든 재물이든 재능이든 이웃을 위해서 나누는 생활이 큰 덕을 기르고 큰 복을 쌓고 큰 지혜를 드러나게 하는 비결이다.

살아있을 때 지나가시는 길목마다 꽃씨를 뿌려라. 호주머니에 담고 그냥 지나치면 지나간 길목엔 꽃 대신 잡풀들이 차지할 것이다. 그리고 지나간 그 길을 다시 걸어가게 되는 그때에는 풀을 뽑으며 지나가게 되는 수고를 해야 한다. 이것이 '업'이라고 하는 것이다.

이 세상에 빈손으로 와서 빈손으로 가는 인생, 하나도 자기 것이라고 할 것이 없다. 살아 있는 동안만 잠시 자기 관리 아래에 있을 뿐이다. 관리하고 있을 때 잘 사용하며 복 많이 짓기 바란다.

## 지갑을 열어 베푸는 마무리

하루를 마무리하는 저녁 무렵이 되면 서산에 해가 걸리고 노을은 찬란한 빛을 발휘하여 뭇 사람들의 이목을 집중하게 한다.

한 해를 마무리하는 가을이 깊어가는 무렵이 되면 자연도 한 해 동안의 수고로움을 위로하고 휴식에 들어가기 위해 대자연의 축제를 벌인다. 산천을 온통 단풍으로 물들이고 찬란한 빛의 축제를 벌이면서 사람들을 자기에게 다가오도록 한다.

사람도 죽음을 바라보는 중년에 들어서면 일생을 마무리하는 자축의 한마당을 열어서 주변의 사람들로 하여금 다가오게 해서 즐거운 시간을 보낼 줄 알아야 한다. 굳게 잠긴 자기의 지갑을 열어서 베푸는 선행을 실천해야 하는 것이다.

나이 들어가면서 지갑을 잠그고 베풀 줄 모르는 사람은 자기 인생을 마무리할 줄 모르는 사람이다. 이러한 사람은 한평생 땀 흘려 살아왔지만 늘 배고픔 속에서 자기만족을 모르고 살아온 시간을 낭비한 불쌍한 사람이다.

## 웃음은 하늘로 울음은 땅으로

  웃는 사람의 얼굴은 입 꼬리가 귀에 걸린 듯 하늘을 향하고 얼굴 근육이 팽창되어 활짝 피어난 꽃처럼 포근한 느낌을 준다.
  우는 사람의 얼굴은 입 꼬리가 어깨에 붙은 듯 땅으로 쳐져있고 얼굴 근육이 오그라들어 우거지상을 하고 있다.
  '하~' 소리를 내며 활짝 웃어보면 가슴 부위의 근육이 자극되면서 세상을 안은 듯 화기로운 기운이 분출하게 되는데 '으~'하고 우는 소리를 내면 아랫배가 심하게 자극되면서 철저하게 자기 혼자 상태의 심리에 갇히게 된다.

  즐거운 기분은 에너지가 화火의 성질을 띠어 팽창되고 우울한 기분은 에너지가 수水의 성질을 띠어 수축되게 된다.
  즐거운 에너지는 주변과 친화하며 수용적이 되고 우울한 에너지는 주변과 불화하며 배타적이 된다.
  즐거운 사람에게 축하한다고 인사를 하면 더욱 기쁨을 배가시키는데 슬픔이 큰 사람에게는 어떤 위로의 말이든지 마음에 와 닿지 않는다.

웃음은 화火의 성질로 하늘 위로 뛰어 오르듯 펄쩍펄쩍 뛰게 하고 슬픔은 수水의 성질로 땅 위에 주저앉아서 땅을 치면서 눈물을 쏟아내게 하는 것도 다 서로 다른 성질 때문이다.

평소에 웃는 연습이 몸과 맘의 긴장을 해소해주고 생리활성화와 마음의 안정에 큰 효과가 있으니 운동법의 일환으로 실천해 보시길 바란다.

## 신은 스스로 존재하는 분

자연의 법은 중도의 개념으로 어느 누구에게나 공평한 법리로 작용한다. 즉, 좌우로 편 가르지 않고 그래서 아무런 색깔을 띠지 않는다. 단지 법을 활용하는 사람에 따라 살리기도 죽이기도 하는 작용이 일어난다.

콩 심은데 콩 나고 팥 심은데 팥 난다는 것은 선의도 악의도 주어져 있지 않는 그냥 평범한 법일 뿐이다. 이를 활용하는 사람의 의도에 따라서 선한 의지를 가지면 선의 결실로 악의 의지를 가지면 악의 결실을 추수하게 할 뿐이다.

신의 이름을 들먹거려가며 증오하고 폭력을 행사하며 살육을 감행하든, 인간의 양심을 따라 이해하고 용서하고 포용하며 평화로운 삶을 살아가든 그 결과는 인간이 선택한 대로 나타나게 된다.

이것이 신의 법칙으로 바르고 삿됨, 옳고 그름, 착함과 악함, 곧고 휘어지고의 개념과 전혀 상관이 없다. 구분하고 편 가르고 하는 것은 오직 인간이 만들어낸 이기적인 족쇄일 뿐이다.

신은 중도라는 체로만 존재하며 이 체를 사용하는 인간에 따라서 그 용도가 정해지니 인간은 그에 따른 책임 또한 피할 수 없다. 그래서 신은 절대적인 법칙으로만 존재하며 이를 활용하는 인간들의 움직임에 일체 개입하지 않는다.

혹자들은 말한다. "신은 계시기라도 하는 겁니까? 왜 수많은 사람들이 고통 속에 신음하고 사는데도 얼굴 한 번 내밀지 않습니까?" 하고.
"세상의 인심으로 도저히 용납되지 않는 태도입니다. 보이지 않으니 보일 수 없으니, 인간들 스스로 알아서 스스로 기도하고 스스로 용서받고, 또 죄짓고 살다가 죽어 지옥 갈 것 같은 불안감이 생기면 용서해 달라고 빌고, 또 스스로 용서하고 이전처럼 또다시 살아도 됩니까?" 하고 항변한다.

그러나 이것은 신이 세상을 말씀인 법칙으로 창조하신 것이며 신은 법칙으로만 존재한다는 사실을 모르고 오해한 것이다. 신을 감각적 욕망에 사로잡혀 살아가는 인간의 기분에 맞춰서 이해하려고 들면 안 된다.

신은 인간의 탐욕 너머에 계시면서 오직 자연의 법칙으로써만 세상을 주관하고 계신다. 신의 창조물인 인간은 자율적인 의지와 함께 책임을 준엄하게 묻고 있는 신의 법칙성을 이해하여야 한다. 화엄경의 요지를 잘 드러낸 의상대사의 법성게에는 절대자인 청정법신 비로자나불의 법칙성을 잘 드러내 주고 있다.

오해하지 말라! 신은 당신의 생각, 욕망, 편리 너머에 계시며 오직 법칙성으로만 존재한다는 것을.

## 가위바위보 놀이정신

 어릴 적에 누구나 많이 해본 놀이 중에 가위바위보라는 것이 있다. 바위는 한없이 펼쳐진 하늘을 상징한다. 그러한 하늘도 땅을 상징하는 보(자기)를 만나면 감싸져 버린다. 그러한 보(자기)도 사람을 상징하는 가위의 필요성에 의해서 잘려나간다. 하늘과 땅과 그 사이에 살아가는 사람의 관계를 상징적으로 잘 표현해주고 있는 것이다.

 가위, 바위, 보는 본질적으로는 손 자체로 하나이다. 그러나 용도에 따라서 변화가 일어나게 된다. 동서사방으로 펼쳐져 있는 땅은 무한정한 하늘의 에너지를 품어낸다. 그리고 땅은 인간의 손길에 의하여 활용이란 이름 아래 가위질을 당하게 되어 있다.
 여기에는 서로 넘어서는 안 되는 존엄한 원칙이 세워져 있다. 그것은 필요에 의해서 땅을 무차별적으로 가위질 한다든지 하늘을 자기의 이익만을 위해서 이기적으로 활용해서는 안 된다는 정신이다.
 정복자처럼 설치며 착취의 대상으로 이용해서는 안 되고 오직 관리자로써의 자기 책무를 이행하는 것으로 머물러 있어야 한다. 지구환경과 인류사회의 안녕과 질서, 최종적으로는 자기의 행복을 위해서인 것이다.

인류사회는 지금까지 하늘의 이름으로 이 땅 위에서 크고 작은 불협화음을 일으켜 나왔다. 그리고 인간의 필요성에 의해서 지구환경은 파괴되고 오염되어 이제 그 피해를 고스란히 인간이 감내해야 하는 참담한 현실이 다가오고 있다.

아이들의 놀이 속 가위, 바위, 보라는 균형과 조화를 추구하는 '놀이정신'을 잃어버리고 개인과 집단의 이기심에 의한 전쟁놀이가 되어 버렸다.

주먹 쥔 하늘은 보자기처럼 편 땅에게 자기의 모든 것을 내어 준다. 그리고 하늘을 보자기에 가득 싼 땅은 가위인 인간에게 모든 활용 기회를 제공한다. 그렇다고 자기 것으로 여겨 함부로 자기 생각을 밀어붙이며 가위질을 해서는 안 된다.

사랑, 자비, 어짊, 양심을 실천하며 오직 세상을 이롭게 하는 최소한의 범위 안에서 가위를 사용해야 한다. 여러분이 미용실에 가서 머리를 자르려고 머리를 맡겼는데 여러분 맘에 안 들게 마구잡이로 잘라놨다면 기분이 어떻겠는가?

인간이 가위질을 할 때는 적어도 당사자의 의중을 헤아려서 해야 한다. 자기 필요에 따라 기분대로 해서는 안 된다. 그래서 인간을 상징하는 가위는 하늘을 상징하는 바위에 지도록 되어 있다. 인간이 어떠한 행위를 할 때에는 하늘을 두려워하는 마음으로 움직여야 한다.

하늘은 인간의 움직이는 모습을 대낮처럼 보고 귓속말로 비밀스럽게 주고받는 말도 번개 치는 소리처럼 듣고 계신다고 하신다. 양심에 저촉되고 당당하지 못할 일을 해서는 안 된다.

우주의 질서 위에 건립된 가정은 작은 하나의 하늘이다. 가정의 살림살이를 위해서 수고하는 아버지는 바로 푸른 하늘이다. 함께 수고하며 살림에 애쓰는 어머니는 누런 땅이 된다.

이처럼 삶의 환경을 만들어주신 부모님께 감사의 마음을 표하는 자식의 마음은 효심이 되며, 이 세상에 계실 때뿐 아니라 돌아가셔서 안 계셔도 그 감사의 마음을 잊지 않고 기르는 마음이 제사의식으로 나타난다.

하늘 아버지와 땅의 어머니에게 감사하는 마음을 표하는 종교적인 의식이 예불이요, 미사요, 예배가 된다. 하늘 아버지와 땅의 어머니에 대한 무한한 감사의 마음을 그대로 이웃에게 실천해 나가야 하는 것이 사랑이며 자비이다.

## 사랑은 삶의 완성

　사랑이란 생명을 살리는 힘을 말한다. 당신은 누구로부터 사랑을 받고 있는가? 그렇다면 당신의 생리와 심리와 사고는 놀라울 정도로 에너지의 확장을 보여줄 것이다.
　생리가 활성화되면 몸의 각 기능이 활발하게 움직여서 건강하게 된다. 여성들 같으면 사랑의 에너지가 빛이 되어 얼굴에 윤기가 흐르고 눈이 유난히 반짝거리게 된다.
　마음은 기쁨이 충만하여 행복하다는 자족감을 느끼게 된다. 너그러워진 마음은 차별하고 편 가르기보다는 무차별하고 화평하며 더불어 행복하게 사는 방향으로 움직이게 된다.
　만약 누군가로부터 사랑을 받지 못한다면 반대로 자신이 그 누군가를 사랑해 보라. 똑같은 현상이 자신의 몸과 마음에서 일어나게 됨을 알게 될 것이다.

　당신의 몸 어딘가가 아프거나 마음이 외롭고 괴로울 때, 그래서 누군가에게 위로와 치유를 받고 존재감을 확인받고 싶을 때는 사랑을 받든지 아니면 사랑을 하시기 바란다.

　꼭 사람이 아니어도 좋다. 그림 그리기, 수석 탐석하기, 노래 부르기, 시 배우기, 사진 찍기, 자기 마음과의 데이트 시간을 즐기는 명상모임에 가입하기, 산사 체험이나 유명한 여행지를 답사해 보거나 해보고 싶은 공부를 하거나 어느 한 가지에 마음을 집중하며 즐길 수 있는 일을 찾아 보는 것도 좋다.
　사랑을 받든지 하든지 둘 중 하나만 하고 있어도 당신은 행복한 사람이 된다.

　태조 이성계와 왕사였던 무학대사 사이에 주고받았다는 일화 가운데 "부처님 눈에는 부처만 보이고 돼지 눈에는 돼지만 보인다."는 이야기가 있다.
　그렇다. 세상은 바라보는 마음에 따라서 여러 가지 모습으로 보인다. 누군가를 사랑하고 있거나 누군가로부터 사랑을 받고 있는 사람의 눈에는 세상이 그대로 기쁘고 즐겁고 행복하고 아름답게 보이니 하늘나라가 따로 없다. 그러나 누군가로부터 미움을 당하거나 누군가를 미워하게 되는 사람의 눈에는 세상이 괴롭고 슬프고 불행하고 어둡게 보이니 지옥같이 느껴진다.

　사랑의 힘은 국경을 초월한다고 하지만 초월하는 것이 아니라 사랑의 에너지와 빛은 원래부터 이 세상의 한계를 벗어난 초월적인 것이다. 사랑을 받거나 함으로써 그것을 알게 될 것이다.

사랑에 눈을 뜨게 되면 세상 사람에서 하늘나라 사람으로 다시 태어나게 된다. 영혼의 구원이나 마음의 깨달음이라는 것도 알고 보면 사랑이 충만한 것을 말한다. 그래서 사랑은 삶의 완성이랄 수 있다.

영혼이 구원받아 천국에 들어가고 마음이 해탈되어 극락을 수용하고 싶다면 지금 당장 그 무엇이든지 사랑해 보기 바란다. 사랑을 받을 줄도, 줄 줄도 모르는 사람이 영혼의 구원이나 마음의 해탈을 바란다는 것은 우물가에서 숭늉을 찾는 격이다.

## 오직 이 순간에 깨어있으라

자기를 깨어있게 해야 한다. 그러려면 현재 이 순간에 질문을 던져야 한다.

"나는 지금 무얼 하고 사는가?" 자문자답하며 과거로부터 이어져온 현실에 안주하며 주변에 대하여 눈감고 귀 막고 생각 없이 살지 않도록 자신을 경책해야 한다.

부처님의 말씀의 요지는 '깨어있으라!'이다. 지금, 이 순간을 직시하라는 말씀이다. 일종의 주제파악이며 자신의 민낯을 바로 바라볼 줄 알아야 된다는 말씀이다. 이것은 우리의 삶을 지나온 과거에 매몰되지 않게 하고 매우 현실적이고 실제적으로 만들어준다.

동양의 명상과 선이 미국으로 전파되면서 미국인들이 스님들에게 공통으로 던지는 주제어는 "당신은 자신의 민낯을 어떤 방법으로 바라보고 있느냐?"라는 데 집중되어있다고 한다. 매우 실용적이요, 현실적인 질문이다. 이것은 이 순간의 의식이 깨어있어야 한다는 선의 정신이다.

스님은 마음을 깨어나게 하기 위하여 공부하는 사람이다. 그래서 "스님은 지금 마음을 깨어있게 하기 위하여 어떻게 마음을 조정하고 있느냐?" 하는 질문은 마치 먼저 마음이 깨어난 스승님이 제자에게 깨어남을 촉구하기 위해 채찍질하는 것과 같은 경책의 말씀과 다를 바 없다 할 것이다.

스님이란 과거 삶의 방식을 버리고 고통스런 현실을 어떻게 하면 행복한 현실로 전환시킬 수 있을 것인지를 고민하며 이의 해결을 위하여 오직 생각이 수행 주제에만 집중되어 있어야 한다.

한 나라의 정치인의 수준은 그 나라 국민들의 정치의식 수준을 그대로 반영한다는 말이 있다. 종교의 수준도 마찬가지로 교인들의 수준을 그대로 반영해 주는 것이다.

요즘 시대를 종교적인 말세라 하고 있다. 성스러운 수행환경이 세속화 물질화되었기 때문이다. 성인들의 가르침이 처음 주어질 때의 마음을 깨어 있게 하는 철학의 시간이 지나면서, 문학이 되고 오늘날에는 직업이 되고 기업 활동이 되어가고 있는 것과 궤를 같이하고 있다.

이것의 일차적인 책임은 인간의 자유로운 양심을 지도하던 철학이 종교적 이데올로기가 되어 하나의 폭력으로 작용하게 만들어온 제도권 종교지도자에게 있다. 그리고 이에 한통속이 되어 흘러가는 교인들의 책임도 크다 할 것이다. 그 속에는 더 이상 수행정신은 찾아보기 어렵고 장사꾼의 매매심리만 설칠 뿐이다.

세상에는 수많은 철인이나 도덕군자, 성자들의 말이 넘쳐나고 있지만 여전히 불협화음은 계속되고 있다. 도리어 그 고상한 이야기들로 해서 죽어나가는 사람들이 예나 지금이나 수없이 많으니 아이러니가 아닐 수 없다.

왜 그러한가? 이유는 그들이 부르짖는 고상한 이야기들과 그들의 생활이 같지 않다는 데 있다. 또한 자유와 평등, 인권과 평화 같은 인간적인 가치와, 천국이나 극락 같이 신과 부처가 다스린다는 나라에 걸맞은 일원으로써 양심적이고 도덕적인 생활이 몸에 배어있지 못하다는 데 있다. 정작 그들은 그들이 주장하는 기준에 맞춰 살려니 죽어나는 것이다.

그들이 주장하는 말과 그에 준하여 삶을 사는 것은 다른 문제이다.

일반인들은 민주주의를 부르짖는 사람이라고 그의 생활방식이 민주적일 것이라거나 천국과 극락을 강조한다고 해서 성직자의 영혼이 구원되고 마음이 해탈되어 있을 것이란 착각을 갖는다.

마음을 비워 극락에 가고 믿음을 가져 영혼이 천국에 간다는 주장을 하는 성직자들에 대해, 일반인들은 그들이 이기적인 욕망을 벗어나서 마음이 평화롭고, 물욕에서 벗어나 가난한 생활 속에서도 향기를 풍기며 도덕적이고 고상한 생활을 하리라는 착각을 하고 있는 것이다.

지식이란 것도 커지면 공적인 이익으로 넘어가게 되어 그 아는 것을 공유하여야 한다. 재물이란 것도 없을 때는 목구멍이 포도청이 되어 자기 배부터 챙기게 되지만 큰 재물을 소유하게 되면 자연스럽게 대중의 뱃속을 헤아리는 공적 재물로 넘어가는 것이다.

자기에게 주어지는 권한이 막강할수록 대중의 행복을 위한 책임을 이행하는 과정에서 주어진 권력이라는 것을 잊어서는 안 되며, 그래서 제한된 범위 안에서 힘을 사용해야 한다는 것을 잊어서는 안 된다.

권력의 출처인 백성을 잊어버려 깨어있는 마음이 되지 못할 때는 그 가진 것으로 인하여 자기의 감각적 욕망을 충족시키는 방향으로 흘러 여러 가지 불상사가 발생하게 되는 것이다.

자신의 마음을 비워내는 훈련이 되어 있지 않는 사람들은 소유가 많아질수록 자기를 특별한 존재로 여겨 함부로 행동하게 되는 위험에 빠지게 되고, 권위적이 되어 가진 것으로 횡포를 부리게 된다. 결국 가진 것을 잘못 사용함으로 인하여 몸을 버리고 영혼을 타락시키며 명예를 한순간에 나락에 떨어지게 하기도 한다.

수행을 통한 '내려놓음'이란 바로 자기에게 집중되어 있는 소유를 자기 욕망 추구의 수단으로 사용치 않고 마음을 비워내서 이웃의 이익을 위해 사회에 환원한다는 것이다.

마음의 스승들이 큰 깨달음을 얻었지만 하나도 얻은 것이 없다며 '무無'를 주장하는 것은, 큰 소유大有는 공적인 개념이란 것을 알고 자기 것이라고 주장할 것이 티끌만큼도 없더라는 의미이다.

큰 재물과 큰 지식과 큰 권력이 공적인 개념으로 넘어가지 않고 개인적으로 사용될 때에는 개인을 파멸시키고 주변을 온통 혼란에 빠트리는 무서운 흉기가 된다는 것을 명심하고 정신 바짝 차리고 깨어 살아야 한다.

## 마무리

'인연 또 다른 나와의 만남'이 휴식을 미룬 채 쉼 없이 앞만 보고 달려가는 여러분들에게 잠시 쉼이 될 수 있고 삶의 여유를 느끼게 할 수 있다면 다행이겠습니다.

여러분의 실제 모습은
어둠이 아닌 빛
불행이 아닌 행복
순간이 아닌 영원입니다.

### 참선체조수행 프로그램 안내

### 1. '참 행복한 나' 강의

본질에서 인간은 단 한 번도 벗어난 적이 없는 온전한 존재이다. 힘겨운 현실이 자신의 몸과 정신과 마음을 무너지게 해도 그 본질은 조금도

망가진 적이 없다.

이 세상이 혼란스럽게 느껴져도 자연의 법칙은 일정하게 유지되고 있는 것과 같다. 존엄한 자신의 참 모습을 이해하고 이를 체현해 내려는 동기를 부여하는데 목적이 있다. 강의 때마다 '참 행복한 나' 저서의 소제목을 가지고 얘기를 진행한다.

## 2. 걷기 명상(움직임과 함께)

몸의 정중선에 힘이 머물게 하며 골격계, 근육계, 신경계를 좌우로 대칭시켜서 몸의 균형을 회복한다. 균형이 회복된 몸은 정신적 균형감각을 회복하게 되기도 한다.

천천히 걸으면서 발바닥이 땅바닥과 입맞춤하는 그 느낌을 알아차리도록 하면서 정신이 '현재' 곧 움직임과 함께하도록 한다.

석가 삼존불에서는 좌측에 문수보살, 우측에 보현보살이 자리하고 있고 아미타삼존불에서는 좌측에 관음보살, 우측에 대세지보살이 자리하고 있다.

좌측에 위치한 문수와 관음은 중앙의 주불을 오른쪽에 두고 있고 우측에 위치한 보현과 대세지는 중앙의 주불을 왼쪽에 두고 있다.

그러므로 마음을 비워 지혜를 계발하려고 하면 옆구리를 우측에 두고 오른쪽 발을 축으로 해서 도는 형식을 취하고 현실적인 능력을 계발하고자 할 때는 옆구리를 좌측에 두고 왼발을 축으로 해서 도는 형식을 취하도록 한다.

이것은 태양을 중심하여 지구가 자전하면서 공전하는 방향과 같다. 에너지를 품고 있는 물체가 태양의 빛을 받아서 함축한 에너지를 발산하여 형형색색의 물질로 꽃 피워내는 과정은 원심력이 작용하는 것과 같다.

이는 마치 설탕이나 소주에 담아둔 열매들이 삼투압 작용에 의해 진액이 밖으로 흘러나오는 것과 같으며 남자가 정액을 방사할 때의 에너지가 발산되어 나오는 과정과도 같다.

불교의 만자(卍字)는 에너지의 물질화(원심력), 물질의 에너지화(구심력)의 과정을 그대로 표상해 주고 있다.

극소무한대한 원자의 움직임에서 극대무한대한 천체 별들의 움직임까지 그리고 인간사회의 모든 움직임이 바로 돌고 도는 이치를 따르고 있다.

사찰에서 탑을 도는 의식과 영가를 천도하는 의식을 진행하는 동안에 법성게를 외우며 법당 안에서 원을 그리며 도는 것도 물질화된 마음을 비워내서 본래의 청정한 마음 상태로 돌려주는 이치가 담겨 있는 것이며 또한 그렇게 에너지 작용이 일어나는 것이다.

## 3. 발우 명상(텅 빔과 함께)

걷기명상의 일종으로 현대인들에게 부처님의 수행정신을 본받게 하고 걷는 속에서 부처님의 마음을 깨닫게 하기 위해서 본 선원에서 개발한 수행법이다.

부처님께서 법제자에게 전하신 옷 한 벌과 밥 그릇 하나는 법을 이어 받은 법왕자라는 징표이다. 이와 함께 이 세상이 끝나고 시작되는 죽음의 세계, 그리고 그 죽음의 세계가 끝나고 시작되는 열반의 세계를 향해서 오직 한 길로만 정진하라는 촉구이면서, 수행의 과정에 있는 사람은 옷 한 벌과 밥 그릇 하나 이외에는 소유하지 말라는 유지이다.

세상 속에 머물러 있지만 세상적인 가치 추구를 중단하고 절대의 세계를 향해 나아가는 수행자는, 세상적인 것이라고는 자신의 몸을 지탱하기 위해서 알몸을 감쌌던 천 하나와 탁발에 필요한 밥그릇인 발우 이외에는 소유하지 못하게 했던 것이 부처님이 수행자들에게 내린 수행지침이셨다. 그래서 스님들은 아무런 수고도 없이 수많은 사람들의 손을 거쳐서 자기 입에 들어오는 음식물에 대한 무한한 감사를 표하고 반드시 성불을 통해서 은혜를 갚겠다는 각오에서 공양게를 읊는다.

수행자가 철저하게 무소유한 청빈의 삶을 살아야 하는 이유는, 깨달음이나 영혼의 구제를 위해서는 철저하게 물질세상을 초월한 절대적으로 순수한 마음상태에 이르지 않으면 안 되기 때문이다. 그러므로 '본래 한 물건도 없다'는 철저히 무소유한 청빈생활을 하지 않으면 안 된다.

발우 명상을 실시하는 이유는 세속적인 가치 추구를 하는 불자들에게 수행자가 자기 몸을 지탱하기 위해서 탁발에 사용하는 밥그릇인 발우를 들고 걷게 함으로써 무소유한 정신을 이해시키고 나눔의 삶을 통해서 자신을 비우도록 보시의 중요성을 일깨우기 위함이다. 이 발우 명상을 통해서 불자들은 작은 소유로도 큰 만족을 느끼며 행복해할 수 있는 소욕지족의 정신을 깨닫게 된다.

### 4. 명상체조(자연리듬 회복)

망가진 몸의 각 부분을 수리하여 균형 있고 단정한 몸을 만드는 과정이다. 돌 전후하여 아이의 움직임을 따라 몸을 재생하는 '기는 동작' 과정을 밟고, 목, 등, 허리와 골반, 다리의 골격과 근육을 바로 잡아서 기혈유통, 신경유통, 호르몬 유통을 시키는 교정체조와 '타동법'을 실시하게 되며, 파트너를 정하여 상호 몸 수리에 참여해서 건강을 회복해 내는 과정이다.

### 5. 관음명상(소리로써 심신을 정화)

소승이나 대승에서 사용하는 수행법의 핵심은 지관쌍수 즉 마음을 어지럽히는 잡념을 다스리고 맑고 밝은 빛의 실체인 마음의 본색이 스스로 드러나게 하는데 있다.

그러므로 부처님이 대중 가운데서 한 송이 연꽃을 들어 보이신 것이나 운문선사의 고함소리나 조주선사의 차 한 잔이나 구지선사의 촛불 한 자루 등도 지관쌍수의 범위에서 벗어나지 않는다.

본 선원에서 실시하는 소리명상은 우주 운동의 시작과 끝 전 과정과 생명의 본질이라는 의미를 담은 '옴' 소리를 가지고 마음을 어둡게 하고 불안케 한 번뇌망상을 다스려서 마음의 본래 모습인 행복(극락)이 드러나도록 수련한다.

옴 소리는 모든 소리 중에서 가장 파장이 길어서 사물의 표면을 쉽게 투과하여 중심 내부에서부터 자극을 주기 시작하여 표면으로 옮겨온다. 그러므로 온갖 번뇌 망상을 쉽게 다스려내서 본질인 참 나로 곧바로 아 들어가 참 나가 깨어나도록 작용한다.

자연계에는 수많은 파장들이 있는데 파장이 긴 것은 사람의 중추신경계에 영향을 주어 자율신경계의 실조증을 다스리고 혈액순환을 촉진하며 호흡의 안정을 가져온다. 또한 생리기능의 활성화, 심리적인 안정, 균형 잡힌 사고까지 가능하게 한다.

이 소리명상을 지속적으로 하게 되면 잘못된 행위와 인식으로 발생된 기억의 힘으로부터 벗어나게 된다. 집중의 힘이 강해지면 부처님의 백호광명에서 강력한 빛 에너지가 나의 머리 위에서부터 아래로 쏟아져 내리는 관상을 하면서 하도록 한다.

생리나 심리적인 정체를 불러오는, 억압되어 응축된 한恨을 토해낸다고 하지 들이마신다고 하지 않는다. 생각이나 감정이 어지러워지면 기와 호르몬과 혈액순환에 문제가 생기고 심리적인 정체를 만들어 사고의 경직을 가져온다.

이때에는 소리를 길게 내면서 숨을 토해내는 한 글자로 된 '옴' 소리를 내는 명상이 효과적이다. 처음에는 소리의 톤을 약간 높여서 하다가 심신의 응결이 풀어지면서 안정된 톤으로 자리 잡게 된다.

고무줄 늘리듯이 끝으로 갈수록 가늘어지듯이 토해내는 숨을 마지막 끊어지는 지점까지 토해내도록 하며 소리의 전 과정을 놓치지 말고 지켜보도록 한다.

### 6. 호흡명상

대념처경, 신념경, 입출식념경 등 세 경전은 부처님께서 당시 제자들을 직접 지도하셨던 내용을 담고 있으며 그 가르침의 중심에는 호흡이 있다. 호흡을 통해서 번뇌와 고통을 여의고 열반의 행복을 성취해 낼 수 있다는 것을 알 수 있다.

진리는 무얼 말하는가? 바로 생명활동의 진짜 모습을 말하는 것이다. 살아 움직이는 생명활동의 참 모습을 내 몸에서 찾는다면 삶이란 숨 한 번 들이마시고 죽음이란 숨 한 번 내쉬는 것에서 찾을 수 있다.

바다가 일렁거리며 높은 파고를 일으키는 것이 삶이요, 이어서 파도가 산산이 부서져서 바다로 돌아가는 것이 죽음인 것이다. 그리고 또다시 파고를 일으켰다 바닷물로 돌아가는 것을 반복하는 것이다.

한 번 일어날 때마다 삶이 일어나고 한 번 부서질 때마다 죽음으로 돌아가는 움직임 속에는 똑같은 내용의 반복이란 존재할 수 없으며 오직 새로운 변화 현상만이 일회성으로 반복될 뿐이다.

그러므로 움직이는 물에는 일정한 형상이나 특징이 있을 리 없어서 본질적으로 무소유, 무집착의 성질을 띠게 되는 것이다. 한 번 일으킨 파도를 한 번 산산조각내서 바다로 돌려보내기 때문이다. 그래서 움직이는 물은 어느 한 곳에도 생각이나 감정을 쌓아둘 공간이 없다.

그러나 인간의 생각이나 감정, 느낌은 과거의 산물인 기억에 의존함으로 수많은 생각이나 감정, 느낌의 굴레에 갇혀 살면서 이를 시스템이니 원리니 운명이니 치부하며 변화를 거부하면서 살고 있다. 숨을 한 번 들이마시고 한 번 내쉬는 속에 새로운 느낌이 창조되어 나타난다.

단지 기계적인 호흡활동으로 무관심 속에 방치되어 있으므로 참 삶의 의미, 맛을 놓치고 사는 것뿐이다. 하루에 단 5분이라도 숨이 들어오고 나가는 호흡현상을 관찰하는데 시간을 투자해 보면 평소에 자신이 얼마나 많을 것을 놓치고 잃어버리고 살았는지 알 것이다. 멈추어 비운 자만이 움직이는 모든 것을 알아차릴 수 있다.

### 7. 자성불의 수기

인간은 누구나 언젠가는 생사를 해탈하여 부처가 되도록 예정되어 있다. 경전에 보면 부처님께서 제자들을 수기하며 언젠가는 부처가 될 것이라는 말씀을 하시는 것을 볼 수 있다.

'자성불 수기'란 자기 스스로 언젠가는 번뇌와 망상을 타파하고 부처가 될 것이라는 것을 스스로에게 각인시키는 의식이다. 또한 자기 가정의 식구들은 물론이거니와 자신의 마음을 아프게 한 사람도 대상이 되어 서로 간에 묵은 감정의 기운을 풀어내고 부처님이 되도록 축복하기도 한다.

부처님처럼 바로 앉아서 두 눈을 감고 몸을 이완한 후 빛 명상상태에서 진행하는 것을 원칙으로 하지만 때론 자리에 누운 상태에서 진행해도 무방하다.

# 인연
## 또 다른 나와의 만남

**초판 1쇄 인쇄** 2018년 12월 06일
**초판 1쇄 발행** 2018년 12월 13일
**지은이** 종학스님
**그림** 용정운

**펴낸이** 김양수
**편집·디자인** 이정은
**교정교열** 박순옥

**펴낸곳** 도서출판 맑은샘
**출판등록** 제2012-000035
**주소** 경기도 고양시 일산서구 중앙로 1456(주엽동) 서현프라자 604호
**전화** 031) 906-5006
**팩스** 031) 906-5079
**홈페이지** www.booksam.kr
**블로그** http://blog.naver.com/okbook1234
**이메일** okbook1234@naver.com

**ISBN** 979-11-5778-353-3 (03220)

* 이 책의 국립중앙도서관 출판시도서목록은 서지정보유통지원시스템 홈페이지 (http://seoji.nl.go.kr)와 국가자료공동목록시스템(http://www.nl.go.kr/kolisnet)에서 이용하실 수 있습니다.
(CIP제어번호 : CIP2018040040)

* 이 책은 저작권법에 의해 보호를 받는 저작물이므로 무단전재와 무단복제를 금지하며, 이 책 내용의 전부 또는 일부를 이용하려면 반드시 저작권자와 도서출판 맑은샘의 서면동의를 받아야 합니다.

* 파손된 책은 구입처에서 교환해 드립니다.    * 책값은 뒤표지에 있습니다.